DALAI LAMA

la pace dello spirito

COS'È
COME CONQUISTARLA

Rizzoli

ISBN 88-17-86245-2

Titolo originale dell'opera:
PACIFIER L'ESPRIT

Prima edizione: settembre 1999

Traduzione di
Alda La Rosa
Edizione italiana a cura di
Laura Liberale

La pace dello spirito

RINGRAZIAMENTI E OMAGGI
OMAGGIO A MAÑJUŚRĪ DI JOUVENCE!

La presente opera è composta da otto conferenze, tenute da Sua Santità, il quattordicesimo Dalai Lama, il 26, 27, 28, 29 aprile 1997, all'Istituto Karma Ling, vicino a Arvillard in Savoia, e da una serie di domande.

Jigmé Khyentsé Rinpoché non ha soltanto trascritto le conferenze e le domande-risposte, qui integralmente tradotte e accompagnate da annotazioni, ma ha continuato a sostenere il lavoro del traduttore: lo ringraziamo calorosamente come pure ringraziamo per il loro illuminato aiuto Kusho Lhagdor e Matthieu Ricard.

Omaggio a Avalokita in persona, Oceano Detentore degli Insegnamenti, che placa la nostra angoscia con la straordinaria leggerezza del corpo e della mente. Possa avere lunga vita come le montagne e i fiumi!

26 aprile 1997, mattina

CONFERENZA

Introduzione. Necessità di trasformare la mente. La pace della mente: condizione necessaria alla felicità. L'addestramento della mente comincia con la meditazione analitica. Pericoli della conversione dettata dall'impulso.

I tre «veicoli» del Risveglio. I tre cicli di insegnamenti del Risvegliato: le Quattro Nobili Verità, la vacuità e la luce. Differenza tra gli insegnamenti provvisori e quelli definitivi. Differenze metodologiche e gnoseologiche.

Le Quattro Nobili Verità non sono solo un articolo di fede: esse rispondono a una necessità logica. La necessità delle Quattro Verità. Le verità nobili della sofferenza e dell'origine della sofferenza.

Le due verità fondamentali: la verità relativa descrive le convenzioni dell'apparenza; la verità assoluta descrive il reale modo di essere di ogni cosa. Impossibilità logica dell'esistenza oggettiva di qualsiasi realtà. Il reale modo di essere di ogni fenomeno è vacuità: questa è la definizione mādhyamika-prāsaṅgika della terza nobile verità, la verità della cessazione.

La conoscenza delle due verità fondamentali attenua la sofferenza e permette di liberarsene.

Signor sindaco, fratelli e sorelle, amici e amiche che siete venuti così numerosi, vorrei dire a tutti voi quanto il fatto di incontrarci per scambiare alcune opinioni mi renda felice e vorrei ringraziare il sindaco per il suo discorso di benvenuto. Chi ha organizzato questo incontro ha fatto le cose veramente in grande e gliene sono grato. Durante i preparativi le difficoltà non sono mancate, ma non vi siete mai tirati indietro e ne sono felice. A partire da oggi ci incontreremo otto volte per parlare del Dharma. Vi presenterò il buddhismo essenzialmente partendo dalle Quattro Nobili Verità. Darò per scontato che ci sia già un legame spirituale tra noi, come ho sempre fatto quando tengo una conferenza per presentare il buddhismo. E per concludere prenderemo il voto del Risveglio. Ecco ciò che interessa ai buddhisti e creerà naturalmente un legame spirituale tra noi. Sono molto felice che attratti dall'evento siate venuti così numerosi.

Perché siamo qui riuniti oggi? Non per fare affari né per assistere a uno spettacolo. L'essenziale oggi è ascoltare una conferenza buddhista. A che scopo? Direi: per trasformare la propria mente. Che cosa bisogna trasformare nella propria mente?

Generalmente in tutti gli animali che hanno l'impressione di essere un «io», il rifiuto alla sofferenza e il desiderio di godere sono assolutamente naturali. Gli animali fanno di tutto, ognuno come può, per evitare la sofferenza e realizzare il benessere. Tutte le specie animali, fino agli animaletti più minuscoli, cercano di evitare la sofferenza e di trovare il benessere, ed è in questo campo che ciascuno segue la propria strada, battendosi per sopravvivere.

Quando negli insegnamenti buddhistici si parla di «tutti gli esseri animati», si fa riferimento a tutti quegli esseri in cui il rifiuto alla sofferenza e il desiderio del godimento sono innati. Tuttavia la facoltà di discernere il bene e il male è molto più evidente nell'uomo che negli altri animali. Penso dunque che la fede religiosa è nata nella società umana, dove il discernimento spirituale ha più potere. Le visioni, le filosofie e le teorie spirituali sono nate nella società umana.

È in funzione del potere di discernimento dell'uomo che esistono tante tecnologie e scienze, ma è in funzione della motivazione, che consiste nel voler essere felici e nel non voler soffrire, che si utilizza il discernimento umano; e ogni volta, proprio per questa sua capacità, sopraggiungono altri problemi e sofferenze.

Gli altri animali hanno ogni genere di impressioni causate dal discernimento, ma soltanto l'uomo pensa alla felicità o alla sofferenza del presente e al tempo stesso a ciò che sarà in futuro. Siccome tutto dipende dalla forza del discernimento, l'uomo, che ne è così tanto dotato, pensa molto al suo avvenire e allo stesso tempo torna con assiduità al suo passato. Gli altri animali non hanno questo potere. Ed è con questa modalità, che gli altri animali non conoscono, che le speranze e le apprensioni si susseguono.

Parlo soltanto di ciò che tutti noi possiamo vedere qui sulla terra; non faccio alcun accenno agli dèi, ai dragoni e ai mangiatori di profumo.[1] Con i tre mondi, le sei classi di esseri o le quattro nascite,[2] di cui parlano i testi buddhistici, le cose sono ancora più ampie. Si tratta di molti altri esseri diversi, tutti dotati di discernimento. Quindi il discernimento umano è una cosa buona, molto potente e sempre pronta a procurarci un po' più di sofferenza.

Quando gli animali hanno il ventre pieno e la temperatura si confà loro, si distendono e sono tranquilli. Noi esseri umani, invece, pur avendo tutte le circostanze esterne favorevoli, a causa delle nostre speranze e apprensioni ci troviamo nel più evidente disagio. Ogni volta che il discernimento umano deve intervenire, e nonostante per ognuno sia diverso, «l'uomo» appare come l'essere il cui malessere è più intenso e le speranze, come anche le apprensioni, le più motivate. Ma non è tutto. Su questa terra il più accanito distruttore è, tutto sommato, l'uomo stesso. Si potrebbe quasi dire che se l'essere umano non esistesse sulla terra, ci sarebbe più pace e l'ambiente, penso, sarebbe più salubre.

Se l'uomo non esistesse, i pesci e gli altri innumerevoli animali sensibili al piacere e al dolore che vivono sulla terra non proverebbero l'angosciosa sofferenza dello sfruttamento da parte dell'uomo. Per coloro che sfruttano gli animali, la vita di questi ultimi non ha lo stesso valore della vita umana. Se l'uomo non esistesse, sostengono, ci sarebbero molti meno animali. Senza l'uomo, gli animali sarebbero costretti a divorarsi l'uno con l'altro… Ma non è forse ciò una specie di equilibrio naturale? A ben riflettere, non sarebbe meglio augurarsi la sparizione dell'essere umano?

Capita comunque a tutti gli esseri viventi di amarsi l'un l'altro. Così gli uomini si amano e possono preoccuparsi degli altri. Questa preoccupazione di cui l'uomo è capace gli deriva dal potere di discernere e il suo senso altruistico è in grado di svilupparsi. Ma soltanto l'uomo ne è capace? Negli animali l'altruismo, per quanto piccolo sia, apporta benefici agli uni e agli altri. Tra gli animali sociali, però, l'infinito altruismo è appannaggio soltanto dell'uomo: una bestia non potrebbe dedicarvisi.

Possiamo affrontare la cosa da un altro punto di vista. La vita, la nostra stessa esistenza non è per niente un'esistenza votata alla distruzione.

Possibile che la nostra esistenza, tutta la nostra vita, si riduca a «un'esistenza votata alla distruzione»? Nient'affatto. Non esistiamo per distruggere e neanche per soffrire. Allora, che la nostra vita sia costruttiva o al contrario distruttiva, non trovate che dipenda da noi?

Essendo l'uomo dotato di un potentissimo discernimento, se potessimo circondarci di amici leali, daremmo un senso alla nostra vita: essa sarebbe costruttiva. È dunque importante per noi trasformare la nostra mente esaminandola con minuzia. Dovremmo sviluppare la sua bontà e la sua utilità, renderle più forti, riducendone gli aspetti nocivi: non è questo l'essenziale?

Certo, potremmo chiederci che cosa bisogna intendere per «bene» e per «male». La sofferenza indica qualcosa di «cattivo». Che cosa? L'indesiderabile. La sofferenza è fonte di fastidi. La sofferenza sarà quindi considerata come il «male». Ciò che desideriamo, che vogliamo è la felicità, la felicità sarà dunque il nostro «bene». Bisogna distinguere tra buoni e cattivi effetti, tra quelli che sono piacevoli e quelli che non lo sono, prendendo in considerazione le rispettive cause: il «male» è causa di sofferenza e il «bene» causa di benessere e di ciò che è veramente utile. Quando avremo trasformato la nostra mente, i pensieri nocivi diminuiranno mentre aumenteranno quelli positivi. Allora ognuno soffrirà sempre meno del malessere della sofferenza e il suo benessere non farà che aumentare.

Così, che siamo credenti o no, nessuno di noi vuole soffrire e tutti vogliamo essere soltanto felici. Dovremmo dunque ammirare le qualità positive della nostra mente riconoscendo gli inconvenienti dei suoi difetti per quello che sono: ecco un punto molto importante.

Siamo tutti simili: esseri umani senza differenze fondamentali. Abbiamo culture diverse, credenze religiose diverse; apparteniamo a razze diverse, il nostro modo di vivere è diverso, il nostro retroterra familiare anche. E che abbiamo ricevuto un'educazione o no, che siamo poveri o ricchi, abbiamo tutti lo stesso potenziale, un potenziale di bene e di male. È quindi estremamente importante riconoscere l'esistenza del nostro potenziale negativo, come del nostro potenziale positivo.

Sono passati molti anni dal nostro primo insegnamento. Il tempo scorre sempre veloce, non si arresta mai. Nessun potere, nessuna forza può fermare il movimento del tempo. Allora che cosa bisogna fare? Sta soltanto a noi utilizzare bene o male il nostro tempo.

Adesso, dunque, che ciascuno di noi rifletta. Se si ha la sensazione di non aver perso il proprio tempo, non resta che rallegrarsene. Ma se le cose sono state molto difficili, se siamo sempre stati occupati, ci chiediamo a che cosa sia servito tutto ciò, se è stato veramente necessario. Pensiamo allora a tutto il tempo che è fuggito via. Non trovate strano tutto ciò?

Diventare ricchi e famosi: è questo lo scopo primario della vita umana? Il denaro è importante; anche farsi un nome è generalmente utile. Ma sicuramente tra coloro che hanno celebrità, denaro e beni, addirittura grandi ricchezze, ne abbiamo visto più di uno sommerso dai pensieri. Altri, invece, non hanno né denaro né rinomanza. Avete notato? Hanno l'aria veramente infelice dal punto di vista materiale, ma sembrano avere lo spirito disteso. Alcuni non hanno problemi di denaro ma devono sempre prendere medicinali; e ce ne sono altri che, perfino nell'assoluta mancanza di agi materiali, si sentono fisicamente bene senza ricorrere ai farmaci.

Qual è il loro segreto? Quando la pace regna nella mente, si è sempre contenti, anche se all'esterno le condizioni non sono tra le migliori. Il corpo può accedere alla salute, ma senza la pace della mente nessuna felicità è possibile, anche nelle migliori condizioni.

Allora, dove sta il segreto? Sta nella pace della mente. La pace della mente giungerà una volta che se ne è formulato il voto? Difficilmente. La sola promessa di conoscere la pace della mente non può procurare questa pace. Sapete che non si guadagna denaro soltanto desiderandolo; per ottenerlo bisogna lavorare. La pace è anche una ricchezza della mente e non si acquisisce questa ricchezza formulando soltanto un voto. Andate pure in un grande negozio di Parigi o di New York: nessuno vi venderà la pace della mente.

Alcune comunità religiose sostengono che la loro religione permette di avere accesso immediato alla pace della mente. Come può mai essere possibile? Conosco solo ciò che ho studiato, ma quando sento che si può accedere in un lampo a una certa pace spirituale, sono scettico. Come se chiedeste al vostro medico un'iniezione di pace della mente. Credo che scoppierebbe a ridervi in faccia.

Quando con la mente ingombra di pensieri non si smette di veder nero, non resta che prendere una medicina, un tranquillante che impedisca di pensare liberamente e stordisca un po'. Ma la cura si rivela una delle meno efficaci. Una mente lucida, in pieno possesso di tutte le capacità di analizzare i concetti del bene e del male e in più assolutamente distesa, ecco qualcosa che difficilmente potremmo procurarci con le medicine.

Penso dunque che solo attraverso l'addestramento della mente si possa giungere alla pace spirituale. Che genere di addestramento? Credo che la meditazione analitica sia il modo migliore di allenarsi: non soltanto la meditazione basata sulla concentrazione. L'esame delle proprie virtù e dei propri difetti produrrà nella nostra mente un progressivo cambiamento di visione, di atteggiamento.

La malattia, per esempio, la vecchiaia e la morte, la nostra e quella dei nostri amici, sono causa di sofferenza. Peccato certo, un vero peccato che esistano ragioni di questa portata per soffrire, ma tutto dipende dalla nostra mente. Pensiamo alla morte. Se per voi la morte è qualcosa di impossibile, di inaccettabile, quando morirete veramente sarà un'esperienza insopportabile. Ma una volta ammesso che la morte fa anch'essa parte della vita, che non è impossibile, che è un componente della vita stessa, le cose andranno molto meglio quando effettivamente giungerà.

Per pensarci un po' più intensamente, proviamo a osservare bene le emozioni come l'odio, la gelosia, il desiderio che alberga nella nostra mente: nell'istante in cui sorgono alcuni pensieri, si prova indubbiamente un certo malessere. In compenso, appena si hanno dei pensieri d'amore, di tenerezza e di tolleranza, ci si sente pieni di coraggio e di forza d'animo.

Quale utilità in questo genere di osservazione? Quale male potrebbe farci? Visto che abbiamo analizzato il mondo materiale esterno, vale la pena di esaminare i nostri differenti stati d'animo. È questo genere di esercizio che io chiamo «meditazione analitica»: ovvero, l'addestramento della mente, il più indicato a realizzare la pace interiore, una mente distesa, qualcosa che è utile all'intera umanità, credenti e non credenti.

Ed ecco l'aggancio che mi serviva per affrontare il problema della credenza religiosa. Quando l'uomo si trova inevitabilmente di fronte a un grave problema, quando è privato delle sue competenze, disperato, abbandonato, la fede gli è d'aiuto. Gli ridà speranza. Ci sono molti sistemi religiosi sulla terra. Ci sono molte visioni e sistemi filosofico-religiosi incompatibili, che tuttavia sono univoci nella loro utilità e corrispondono a tutte le differenze che esistono in un gran numero di persone per costituzione personale o aspirazione.

Più avanti parleremo del dialogo tra religioni, ma per adesso è del buddhismo che conviene parlare. Sono sempre piuttosto reticente a spiegare il buddhismo a persone che non sono buddhiste di nascita e che non vivono in paesi tradizionalmente buddhisti. In genere è meglio seguire la tradizione religiosa dei propri antenati, perché ciò porta a risultati più solidi. Quando si cambia religione si può restare per sempre dei disadattati; allora, senza abbracciare né la nuova credenza né la vecchia, ci si trova alle prese con una doppia contraddizione. Il rispetto delle tradizioni ancestrali è una garanzia di stabilità. Ma può certamente capitare che in alcuni casi particolari il cambiamento di religione sia un evento positivo.

In Tibet, per esempio, si può affermare che tutti sono buddhisti. Ma per tre, quattro secoli alcuni tibetani divennero musulmani. E durante il ventesimo secolo altri divennero cristiani. Nei paesi giudaico-cristiani, in cui il cristianesimo è ampiamente diffuso, si osserva un certo risveglio di interesse per il buddhismo. Se dopo un attento esame della situazione e un'approfondita riflessione si pensa che il buddhismo vada bene, sia perfettamente adatto a noi, questa è una credenza religiosa che corrisponde alle aspirazioni di un individuo. Non ci sono inconvenienti nel praticare il buddhismo. E meno ancora se non si è mai stati credenti: sensibili alle spiegazioni dei buddhisti, non resta che studiarle.

Nondimeno, quando questo o quell'individuo si è reso conto di quanto la pratica buddhistica possa convenirgli, non è assolutamente giusto che critichi la religione dei suoi avi, che si tratti del buddhismo o di un'altra religione. Bisogna evitare una cosa del genere. Voi che siete qui oggi riflettete, dunque, e se vi decidete per il buddhismo, sappiate che questa è una situazione particolare. Ma in nessun caso io impersonerò l'avvocato del buddhismo.

La «conversione» di per sé non è generalmente una buona cosa, è infatti fonte di conflitti. In Mongolia ci sono a quanto pare cristiani che «convertono». Mi sono interessato alla cosa, ma non ho riscontrato nulla di buono in tutto ciò. E se non posso apprezzare le conversioni operate da questo genere di «cristiani» presso i buddhisti, aggiungo che non è neanche giusto operare questo tipo di conversione nei paesi cristiani.

A livello individuale è diverso. Per esempio, per me il buddhismo è indubbiamente quanto di meglio esista, ma ciò non vuol dire che il buddhismo sia la cosa migliore per tutti.

È comunque importante conoscere i rapporti che esistono tra le diverse religioni. Da un lato ciò permette di aprire la mente allontanando i rischi del fanatismo. Dall'altro, quando per la propria pratica individuale si adottano le tecniche più diffuse delle altre tradizioni religiose, si favorisce l'esercizio di una specie di studio reciproco.

Ecco ora come abitualmente spiego l'origine del Dharma.[3]

È nella città santa di Benares[4] che il Maestro pieno di bontà, esperto in abili metodi e traboccante di grande compassione predicò il Dharma per la prima volta: mise in movimento la ruota del Dharma per la prima volta insegnando le Quattro Nobili Verità ai «Cinque Buoni Asceti».[5] Così cominciò il buddhismo. Penso dunque che sia necessaria una spiegazione sommaria delle Quattro Nobili Verità.

Come tutti sapete, abitualmente si parla di due «veicoli»:[6] il Piccolo e il Grande, ovvero, il Veicolo degli Uditori[7] e dei Buddha per sé,[8] e il Veicolo dei bodhisattva.[9] Il Grande Veicolo, a sua volta, si divide in Grande Veicolo dei Sūtra e Grande Veicolo dei Tantra.[10] Il sistema delle Quattro Nobili Verità, che forma la struttura di base di tutti i buddhisti, segue necessariamente questa suddivisione in due veicoli.

La pratica della via, così come è insegnata nei testi del veicolo inferiore, costituisce le fondamenta degli insegnamenti del Buddha. Senza queste fondamenta sarebbe stato molto difficile per un «grande» veicolo emergere da solo. Quando in seno allo stesso buddhismo gli adepti del Grande Veicolo giudicano inferiore un insegnamento con la scusa che appartiene al Piccolo Veicolo o quando, al contrario, gli adepti del Piccolo Veicolo dubitano che il Grande Veicolo sia una reale emanazione del Buddha, essi ignorano l'essenziale ed è una grave mancanza. Senza le pratiche associate alle Quattro Nobili Verità sulla via dei trentasette ausili del Risveglio,[11] insegnate nei testi del Piccolo Veicolo, è impossibile accedere alla pratica autentica del Risveglio del Grande Veicolo, che è benevolenza e compassione o, meglio ancora, grande compassione.

La stessa cosa è accaduta in Tibet, tra il Grande Veicolo dei Tantra e il Grande Veicolo delle Trascendenze.[12] Gli adepti delle virtù trascendenti non vedevano di buon occhio i Tantra. Dall'altra parte i Tantra non tenevano minimamente in considerazione il Veicolo delle Trascendenze, soprattutto la disciplina. Ecco una mancanza, un errore.

I veicoli si suddividono dunque in Piccolo Veicolo, Grande Veicolo delle Trascendenze e Grande Veicolo dei Tantra. Se è facile raggiungere il frutto dei veicoli più umili, praticandoli, diventa impossibile raggiungere il frutto dei veicoli più alti senza la padronanza delle pratiche inferiori. Perché? Perché in questi tre veicoli, i primi sono le basi su cui gli altri due poggiano. Tra gli insegnamenti del Buddha che sono stati conservati in tutta la loro integrità in Tibet, paese delle Nevi, troviamo le posizioni del Piccolo e del Grande Veicolo, compreso l'insieme dei Tantra. Per me è un fatto eccezionale, decisivo e perfetto.

Nei sistemi filosofici del Grande Veicolo ciò che è stato insegnato dal Buddha nei testi del Piccolo Veicolo diventa più ampio e più profondo. Così nei testi del Piccolo Veicolo non si parla del nostro maestro Śākyamuni,[13] che nella prima parte della sua vita era un comune bodhisattva: poi sul Trono del Diamante[14] s'impegnò sulla via della congiunzione[15] e divenne un buddha autentico e perfetto alla fine del raccoglimento adamantino[16] o via della cessazione. Soltanto in seguito, nella seconda parte della sua vita, divenne un buddha. Comunque sia, qui si tratta solo di ciò che si chiama un «supremo corpo di apparizione»,[17] non tanto degli altri «corpi» del Buddha. Nel Grande Veicolo è il sistema dei tre o dei quattro corpi del Buddha che prevale.[18]

Nel grande Veicolo delle Trascendenze il Buddha insegna il sistema dei quattro corpi. Come i quattro corpi si compiono, l'esporrà poi nei Tantra. Parimenti quando insegnò le diverse vie e le meditazioni relative a ciascuna, il Buddha non si limitò alla via dei trentasette ausili del Risveglio né in particolare alla via dell'inesistenza del sé individuale.[19]

Quando giunse l'ora del Grande Veicolo, il ciclo della non sostanzialità[20] universale prese tutt'altra ampiezza. Tutte le teorie, come il sistema delle dieci terre,[21] non smisero di svilupparsi. Nel Veicolo delle Trascendenze il Buddha insegnò la pratica delle sei virtù trascendenti e facendolo dichiarò che bisognava seguire la via unendo i metodi alla conoscenza.[22] Nei Tantra s'insegna qualcosa di eminentemente sublime: l'unione *straordinaria* dei metodi e della conoscenza.

Così, una volta che il Buddha ebbe approfondito e ampliato[23] i suoi insegnamenti sulle Quattro Verità, mise in moto, sul picco degli Avvoltoi, la ruota del Dharma intermediario, quella del Grande Veicolo.[24] Pronunciò allora i principali Sūtra della Conoscenza trascendente.[25] In questi Sūtra il Buddha studia minuziosamente la nobile verità della cessazione che aveva insegnato con le altre tre verità a Benares.

Poi, in occasione del terzo ciclo dei suoi insegnamenti, egli insegnò una particolare varietà di Sūtra, che come i Sūtra principali descritti nella *Continuità senza superiore*,[26] tra cui il *Sūtra del potenziale di Buddha*,[27] trattano esclusivamente della chiara luce naturale della mente.[28]

Insomma, ammetteva che in vista dell'ultima comprensione intellettuale, si manifestasse la verità della via, chiamata anche la «sublime saggezza».[29] Da quel momento lo spirito poteva accedere all'ultimissimo stato assolutamente libero dai due veli[30] e durante l'ultimo ciclo degli insegnamenti, quando pronunciò testi come i principali, su cui si basa la *Continuità senza superiore*, il Buddha insegnò l'ultimissimo punto della chiara luce come natura della mente: questo è il senso reale di tale genere di testi, anche se alcuni Sūtra dell'ultimo ciclo utilizzano un altro linguaggio.

Ciò che il Buddha aveva insegnato per primo risultò più chiaro e profondo. Più tardi, nel Grande Veicolo dei Tantra, insegnò cose straordinarie come la pratica vivente della «chiara luce naturale della mente». È proprio in questa occasione che insegnò la profondità e l'immensità estreme. L'approfondimento e l'ampliamento di ciò che aveva insegnato inizialmente erano soltanto un lusso e una raffinatezza naturali? No. Se il Buddha si fosse limitato ai suoi primi insegnamenti, avrebbe commesso un errore: i suoi insegnamenti avrebbero mostrato il difetto di andare contro la logica.

Ripeto: gli insegnamenti posteriori del Buddha sono più profondi e più chiari dei primi. Questi approfondimenti e chiarificazioni sarebbero soltanto divagazioni? Un lusso che non era necessario? Non penso, perché gli insegnamenti del Buddha non possono logicamente limitarsi ai suoi primi insegnamenti.

Il signor Buddha, nostra guida, Leone dei Śākya,[31] restò dunque nel palazzo reale fino all'età di ventinove anni. Poi praticò l'ascesi per sei anni e verso i trentasei anni compì l'impresa di svegliarsi alla Buddhità autentica e perfetta. In seguito, nei quarant'anni che seguirono il suo autentico e perfetto Risveglio, si dedicò al bene degli altri. Orbene, egli aveva preparato la causa di tutti questi avvenimenti, accumulando meriti e saggezza per tre grandi *kalpa*[32] smisurati. Una causa elaborata per tre grandi *kalpa* smisurati che produce un effetto che dura soltanto quarant'anni: non è forse sproporzionato? Questa causa, un'accumulazione[33] innumerevole, non ha avuto che questo breve effetto e non ha portato nessun altro godimento.

Peraltro sono tre i sublimi stati che devono essere raggiunti, lo stato di Arhat degli Uditori, lo stato di Arhat dei Buddha per sé e lo stato di Buddha. Se, senza tenere conto del tempo che le accumulazioni necessitano, pratichiamo i trentasette ausili del Risveglio che costituiscono la via che conduce a questi tre stati, seguiamo inevitabilmente la stessa via della meditazione principale. Allora come può la stessa causa produrre tre effetti diversi? È piuttosto difficile.

Una volta stabilito che nel Risveglio degli Uditori e dei Buddha per sé è stato eliminato soltanto il velo emozionale, mentre nel Grande Risveglio le tenebre dell'ignoranza non emozionale sono interamente dissipate, non riusciamo a distinguere un frutto sublime dagli altri due che sono inferiori? La loro causa riconduce ai trentasette ausili del Risveglio e anche se accumuliamo meriti e saggezza per tre vite, cento *kalpa* o tre grandi *kalpa* smisurati, la realizzazione del risultato non è un effetto della sola durata necessaria al compimento delle accumulazioni: se la differenza non dipendesse soltanto dalla *profondità* delle vie seguite, sarebbe effettivamente difficile stabilire risultati più o meno elevati.

Il Buddha impartì molti insegnamenti sulla non sostanzialità sottile e grossolana, che è il tema della meditazione del Canestro[34] dei bodhisattva o dei Sūtra del Grande Veicolo; e insegnò la generosità e molte grandi pratiche particolareggiate a proposito del metodo. Così come il risultato o frutto è più o meno elevato, così le vie sono quella grande o quella piccola.

Per di più, dal punto di vista del Grande Veicolo dei Tantra, la via dell'unione dei metodi e della conoscenza, in cui questa sostiene quelle e viceversa, come insegna il

Grande Veicolo dei Sūtra, non è sufficiente a realizzare il corpo assoluto e il corpo formale.[35] Perché? Perché il corpo assoluto e il corpo formale della fase risultante[36] hanno la stessa essenza. Ecco perché, fintanto che la loro completa causa effettiva, questa causa estrema, non è l'inseparabilità dei metodi e della conoscenza, è difficile, accoppiando i metodi e una conoscenza essenzialmente diversi, che si compia un risultato inconcepibile come il corpo assoluto e formale che sono essenzialmente inseparabili. L'obiezione nasce subito spontanea.

Se nei testi del Grande Veicolo è esposto il sistema dei quattro corpi, la immensa via dei metodi e della conoscenza che permette di realizzarli viene insegnata nel Veicolo Adamantino delle Formule Segrete;[37] è il punto essenziale dell'inseparabilità dei metodi e della conoscenza che vi è insegnato e questo insegnamento dà grande fiducia nella teoria dei quattro corpi.

Ma allora, si dirà, gli insegnamenti anteriori e posteriori del Buddha si contraddicono. No. Bisogna sapere che soprattutto nei sistemi del Grande Veicolo le dichiarazioni del Tathāgata non devono tutte essere prese alla lettera, poiché possono essere provvisorie o definitive. Le dichiarazioni definitive sono da prendere alla lettera, ma non bisogna interpretare in modo letterale le dichiarazioni provvisorie.

Vale la pena di approfondire l'argomento. Non si può giudicare il carattere definitivo o provvisorio di una dichiarazione del Buddha partendo dalla sua formulazione, la lettera. Bisogna considerare essenzialmente il loro senso, il loro spirito. Chiameremo *Sūtra di senso definitivo* i testi che mostrano la realtà assoluta. Quelli il cui contenuto è da interpretare saranno allora i *Sūtra di senso provvisorio*.

Ma che cosa chiamiamo «senso definitivo» e che cosa «senso provvisorio»? È presto spiegato. La verità relativa e la verità assoluta obbediscono rispettivamente al senso provvisorio e al senso definitivo. Comunque, si ritiene il senso definitivo come verità assoluta e la «verità assoluta» l'estremo modo[38] reale di ogni cosa. Quest'ultima costituzione chiamata «quiddità»[39] in quanto verità assoluta, indica dunque l'ultima realtà di ogni cosa, di qualsiasi cosa si tratti. Quando non si può più essere «trasportato»[40] altrove da nessun'altra parte, si può parlare di assoluto o di estremo. Questo è il senso definitivo delle parole del Buddha. Chiamiamo dunque Sūtra di senso definitivo ciò che mostra innanzitutto questa verità assoluta.

La verità relativa e i testi di senso provvisorio presentano la ricchezza e la varietà delle mille e una metamorfosi dell'apparenza così colorita. Tuttavia non è ancora sufficiente per esporre il modo dell'esistenza ultima di ogni cosa. Possiamo prendere alla lettera le dichiarazioni che s'ispirano alle diverse percezioni relative a ciascuno. La mente di Risveglio,[41] per esempio, che è benevolenza e compassione o ancora la causalità *karmica*,[42] tutto ciò va preso alla lettera. Nondimeno tutte queste cose insegnate, ricorrendo a parecchie categorie che stabiliscono connessioni non mendaci in seno alle apparenze relative, non possono ancora applicarsi al modo ultimo di ogni cosa. Si potrà dunque prenderle alla lettera, ma il loro senso non basterà a circoscrivere il modo ultimo di ogni cosa. Pertanto bisognerà interpretarlo, da qui il nome di «provvisorio». I Sūtra pronunciati su questo principio sono dunque i Sūtra di senso provvisorio.

Così, sulla base dei primi insegnamenti, in quelli che seguono c'è qualcosa di più chiaro e di più ampio: oltre a ritrovarvi tutto quanto era stato insegnato prima, vi si scopre qualcosa di più profondo e di più vasto e ciò costituisce la particolarità eminentemente sublime di questi testi. Non possiamo affermare che questi testi sono specificatamente sublimi soltanto perché si diversificano da ciò che esisteva già. I punti oscuri degli insegnamenti esistenti sono qui approfonditi e chiariti? Come abbiamo visto essi sono trattati in tutta la loro vastità.

Veniamo ora ai metodi. La divisione in Grande e Piccolo Veicolo e, in seno al Grande Veicolo, in Sūtra e Tantra, trova la sua spiegazione essenzialmente in rapporto ai metodi. Così nel Piccolo Veicolo degli Uditori e dei Buddha per sé la pratica principale della compassione non manca certo di potenza, ma esige soltanto che non si nuoccia agli altri, essendo loro utili nei limiti del possibile. Nel Grande Veicolo, invece, il fatto di farsi carico da soli della realizzazione della felicità di tutti gli esseri animati e di eliminare la loro sofferenza, già attraverso il pensiero, mette in gioco l'onniscienza[43] necessaria alla realizzazione del benessere altrui. Ecco perché la differenziazione in Grande e Piccolo Veicolo altro non fa che seguire la grandezza e la piccolezza del pensiero.

Veniamo ora alla differenza tra Sūtra e Tantra. Gli eruditi hanno ognuno un loro modo di spiegare questa differenza, ma essenzialmente dipende dai metodi con cui si realizza la buddhità, dalle differenze tra i diversi aspetti della via, che permettono di distinguere i Sūtra dai Tantra.

Dal punto di vista della conoscenza, attualmente si dice che i buddhisti hanno quattro sistemi filosofici. Nella misura in cui il pensiero si amplia in termini di metodo, di conoscenza, esso diventa sempre più profondo. Generalmente i quattro sistemi filosofici del buddhismo ammettono la non sostanzialità. Orbene, se questa non sostanzialità ha lo stesso senso nei Vaibhāṣika[44] e nei Sautrāntika,[45] non si può dire lo stesso per i Mādhyamika[46] e i Cittamātrin,[47] che non limitandosi alla non sostanzialità dell'individuo spiegano anche la non sostanzialità di tutti i fenomeni.

La differenza tra i Mādhyamika e i Cittamātrin in tema di non sostanzialità di tutti i fenomeni è una questione molto sottile. E il ragionamento analitico permette di riconoscere il livello profondo raggiunto da questi due sistemi filosofici. Ma è sbagliato sostenere che il Buddha ha dato solo questi due insegnamenti, che sono molto più profondi dei primi due. Perché? Perché tutti hanno origine da lui. E proprio perché hanno la stessa origine, gli uni non possono essere migliori degli altri.

Si può facilmente acquisire una certezza su queste «verità»[48] esaminandole razionalmente senza lasciarsi influenzare da obiezioni dello stesso genere, ricorrendo al ragionamento analitico? Difendere, per esempio, l'irrealtà del sé individuale senza parlare della non sostanzialità delle cose; o ancora non soltanto non parlarne, ma sostenere che tutto esiste realmente, che il soggetto e l'oggetto non sono vuoti e che tutto è reale. Ecco che cosa può essere invalidato soltanto dal ragionamento.

Se alcune tesi non resistono al ragionamento dei sistemi superiori, se cedono alla logica, bisognerà *interpretare* il testo in cui esse compaiono; bisognerà dunque interpretare le parole del Buddha, e classificarle tra le dichiarazioni di senso provvisorio che egli pronunciò con un preciso intento. Gli insegnamenti «profondi»,[49] si dice, sono logici al punto che nessun ragionamento può invalidarli.

In tutte le dichiarazioni dello stesso maestro si possono trovare molti punti discordanti, dove alcuni sono vere e proprie contraddizioni, proferite però tutte dallo stesso maestro. Com'è possibile tutto ciò? Le ha pronunciate adattandosi di volta in volta alla formazione e alle aspirazioni dei suoi discepoli.[50] Constatando ciò, trovo vantaggioso sapere con certezza che questi insegnamenti pieni di disparità sono veramente utili a un largo ventaglio di formazioni e di aspirazioni.

Ma veniamo alla spiegazione del sistema delle Quattro Nobili Verità. Innanzitutto bisognerà definirle, poi mostrare la loro importanza e infine seguire la pratica che esse indicano; per questo motivo bisognerà capirle interiormente. Orbene, la suddivisione in quattro verità risponde all'approfondimento della visione. Saranno quindi analizzate cercando di vedere quale tesi[51] non resiste al ragionamento e quale invece sarà confermata dal ragionamento.

Se affermo che le quattro verità sono vere perché sono state formulate dal Buddha, avrò lo stesso problema di prima. Non si può stabilire che alcuni punti filosofici insegnati dal Buddha siano giusti e altri no. A questo livello la distinzione tra veri e falsi si può ottenere soltanto attraverso il ragionamento analitico.

Allora come bisogna procedere? Se tali «verità» fossero soltanto artifici del pensiero, non è possibile che queste invenzioni concettuali resistano al ragionamento, mentre altre no. Non stiamo però parlando di verità che assolutamente non esisterebbero, di un puro prodotto dell'immaginazione, di semplici parole.

Facciamo un esempio. Il pensiero che c'è qualcuno quando non c'è nessuno non è altro che un'invenzione concettuale e nessuna logica potrà né negare né dimostrare la realtà di questo puro prodotto del pensiero. Al limite si può dichiarare che questa invenzione della mente è utile e che un'altra non lo è altrettanto. Ci sono anche delle spiegazioni psicologiche a ciò.

Comunque, le invenzioni concettuali nel loro insieme si equivalgono tutte, ma sono tutte necessarie? Le cose necessarie esistono, infatti, e possono essere provate dal ragionamento. Ma bisogna che rispondano a una necessità. Quando, per esempio, ci vediamo come una deità,[52] ma non altrettanto possiamo dire del nostro normale aspetto che non ha alcunché di divino. Credersi un dio è una distorsione mentale. Nondimeno diventa necessario quando si pratica una deità. Non si tratta tanto di fissarsi su un dio, ma si tratta di una meditazione orientata su una deità. È difatti una specie di creazione concettuale che risponde a una necessità.

Ugualmente, quando si pratica il raccoglimento sull'immondo,[53] non si tratta, vedendo tutto immondo, di lasciarsi interamente andare all'immondo così come il mondo lo definisce. Al contrario, la meditazione su una forma immonda è l'antidoto[54] al desiderio e all'attaccamento: essa nasce da tale necessità. Vi è dunque ogni genere di possibilità.

Vorrei insistere su questo punto. La logica invalida ciò che, non esistendo in realtà, non è che una creazione mentale. Difatti, quando si scambia un oggetto irreale per una realtà, questa non resiste al ragionamento. E ciò che si spiega sulla base di questa realtà bisogna cercarlo ragionando sulla reale esistenza dell'oggetto in questione. Siccome questa esistenza viene negata, è impossibile che una qualsiasi cosa esista realmente sulla base di questo oggetto.

La logica invalida quindi le teorie fondate sulla tesi dell'esistenza reale. Che cosa significa parlare di confutazione attraverso il ragionamento? Si tratta di qualcosa che effettivamente è, qualcosa di fondamentale che bisogna conoscere così com'è: qualcosa che la logica non può confutare. Non sapere come è ciò che è, ecco chi ha il potere di produrre concetti inutili che non resistono al ragionamento. È dunque importante stabilire il modo reale[55] di ogni oggetto. La conoscenza di questo modo reale è la base che permette di spiegare ciò che conviene adottare e rigettare in rapporto a quell'oggetto.[56]

Parliamo ora delle Quattro Nobili Verità insegnate dal Buddha. La «sofferenza» è qualcosa che non vogliamo e che dobbiamo respingere. Per eliminare la sofferenza bisogna eliminare la sua causa perché, una volta eliminata la causa, ci si libera necessariamente della sofferenza: è proprio così che bisogna spiegare le cose e personalmente non ho nessun dubbio a questo proposito.

Se allora ci chiediamo se è possibile eliminare «l'origine della sofferenza», dobbiamo scavare di più, pensare con più profondità. Così, per conoscere con certezza che cosa è conveniente adottare o rigettare, è importante conoscere la reale natura della causa che determina sofferenza. Ma non è necessario conoscere il sistema delle due verità fondamentali per capire la teoria generale delle Quattro Verità.

Tuttavia, per conoscere il sistema delle Quattro Verità in modo da modificare la propria mente e acquisire una vera certezza, è utile spiegare la teoria delle due verità, ammessa anche dalla maggior parte dei non buddhisti indiani.[57]

I buddhisti di tutte le scuole, a partire dai Vaibhāṣika, ammettono che ci sono due livelli di verità. Addirittura per ciò che riguarda i punti essenziali della pratica delle due verità, ci riferiamo in genere ai sistemi filosofici del Grande Veicolo e in particolare ai testi della Via di Mezzo.[58]

Tra questi, la teoria delle due verità, che Nāgārjuna[59] e i suoi discendenti spirituali Buddhapālita,[60] Candrakīrti[61] e Śāntideva difendono, è ancora più profonda. È essenziale quindi cercare di capire lo stato fondamentale delle cose partendo dalla spiegazione delle due verità, così come le espongono il sublime bodhisattva Nāgārjuna e i suoi discepoli.

Per spiegare le due verità bisogna aggiungere la parola «fondamentale». Le «due verità» che descrivono lo stato reale fondamentale delle cose non sono creazioni del *karma* degli esseri comuni, né scoperte susseguenti alla buddhità, ma qualcosa che si porta in sé.

A proposito del senso provvisorio e del senso definitivo delle dichiarazioni del Buddha, abbiamo visto che i testi di senso definitivo esprimono la verità assoluta, la vacuità, e che i testi di senso provvisorio parlano di verità relativa. Come definire allora le due verità? Le teorie limitate alle diverse funzioni, che operano soltanto a livello delle apparenze, non permettono all'analisi di raggiungere la loro situazione duratura o il loro modo reale.

A livello delle sole apparenze si trova tutta una varietà di oggetti, in poche parole tutto il ventaglio delle percezioni che rappresentano gli oggetti dei sei «sensi»,[62] ovvero le forme, i suoni, gli odori, i sapori, le strutture e i fenomeni intelligibili. E non si tratta neanche di qualcosa che, insoddisfatti dalla sola apparenza, si trova cercando. Per quanto riguarda le apparenze facciamo una distinzione tra situazione finale e situazione temporanea. Quest'ultima è il modo apparente temporaneo o convenzionale: ciò che la mente vi trova viene definito come «verità relativa».

Ora, quando si è studiato, si è cercato quale potesse essere la situazione durevole, assoluta o l'*essenza* di tutta questa varietà di cose, senza limitarsi alla loro apparenza, quando, insoddisfatti dalle sole apparenze, si cerca dunque la loro situazione durevole, ciò che infine si trova è il senso ultimo di ognuna di queste cose. Si parla di «senso trovato, attraverso il ragionamento analitico, sulla verità ultima dei fenomeni». Così ciò che il ragionamento analitico scopre sulla verità ultima non è altro che la verità assoluta, e ciò che scopre sul convenzionale la verità relativa.

Ma perché è necessario cercare l'ultima situazione delle cose? Perché è un punto di tale importanza? Ebbene, nonostante l'immensa varietà delle apparenze, in generale si crede alla realtà delle apparenze immediate e ciò crea altrettante occasioni di contribuire al proprio smarrimento.

Comunque, la nostra reale situazione può presentare tanta disparità tra il modo reale e apparente? Se le cose apparissero come sono, il loro modo apparente e il loro modo reale coinciderebbero sempre. Se non ci fosse disparità tra l'apparente e il reale, si farebbe passare per vero ciò che non lo è nell'esperienza comune, ignorando quanto proprio ciò induca in errore le persone. Il reale e l'apparente coinciderebbero necessariamente e immutabilmente.

Di solito, trasformare una cosa in ciò che realmente non è vuol dire ingannare la gente. È una bugia. E allora bisogna spiegare che i modi apparenti e reali di un oggetto non coincidono. In tal caso questi fenomeni, che si presentano ai nostri occhi come gli oggetti delle nostre sei coscienze,[63] a che cosa assomiglierebbero dunque così come realmente sono? È importante esaminarli bene per vedere se esistono realmente quando si offrono alla nostra vista.

I pregiudizi sbagliati non portano generalmente a niente. Non soltanto la coscienza fuorviata non associa l'essere a ciò che è, percependo che non è, anzi, crede che ciò che è non sia, e che ciò che non è sia; e questa convinzione viene dal più profondo. La coscienza fuorviata di colui che possiede questa convinzione non è soltanto una coscienza che si è sbagliata, è una coscienza distorta. Ebbene la coscienza distorta non può compiere nulla di costruttivo sia nel Dharma sia nel mondo profano. È dunque importante stabilire il modo reale delle cose. Questa ricerca del modo reale delle cose che esistono è la stessa utilizzata all'università.[64] Sotto l'egida del prāsaṅgika[65] Candrakīrti, gli adepti della Via di Mezzo dichiarano che nulla è realmente, che nulla ha essere in sé, che nessun fenomeno esiste di per sé. Orbene, queste dichiarazioni permettono di operare in diversi modi alla soppressione delle emozioni negative.

Nelle *Due verità della Via di Mezzo*[66] del maestro svātantrika[67] Jñānagarbha[68] è possibile leggere:

> «Se le cose sono così come appaiono,
> non è necessario analizzarle».

Ecco voi laggiù. Le vostre diverse sagome mi appaiono nello stesso modo di come devono apparirvi le nostre forme qui. Le cose, infatti, sono così come ci appaiono; e così come appaiono esse obbediscono al loro modo convenzionale. Ecco dunque la misura del loro essere a livello convenzionale. Non è possibile analizzarle, ma la loro esistenza oggettiva appare come un'esistenza dovuta a questa o a quella denominazione convenzionale corrispondente. Le cose sono quindi così come appaiono e non è necessario analizzarle.

Questa specie di esistenza oggettiva delle cose così come appaiono non è tanto un postulato che deriva dalla percezione di una coscienza sana. Sarebbe allora possibile questa esistenza sotto un altro modo straordinario? No, dice Jñānagarbha. Allora, continua, ciò che ci appare esiste realmente. Ciò che cerca di dire è che quando si ritiene che un oggetto è così come appare, ci si presentano due possibilità: o l'oggetto è buono, poiché attira, e la mente si avvicina; o è ripugnante e la mente indietreggia.

Quando appare qualcosa di buono o di cattivo che oggettivamente esiste, sono possibili due movimenti in rapporto a tale oggetto che è così come appare: avvicinarsi al desiderabile e allontanarsi dall'indesiderabile. Per Jñānagarbha non vi è in tutto ciò nessuna emozione negativa: questi moti della mente non sono squilibri.

Per Buddhapālita e Candrakīrti è la stessa possibilità di affermare che queste apparenze di oggetti esistono realmente che non è corretta. Nulla, dicono, ci appare così come è. Ciò che ci appare ci sembra esistere oggettivamente perché vi abbiamo fatto l'abitudine, ma non è così come appare. L'esistenza oggettiva si manifesta dunque negli oggetti delle nostre sei coscienze, ma questi non sono esattamente come appaiono. Si nota bene che certo ci sono, ma non sono tanto reali quanto noi li percepiamo.

Quando ci troviamo di fronte a qualcosa di buono, ci avviciniamo; quando scorgiamo qualcosa di cattivo, ci allontaniamo. I Prāsaṅgika dicono che ciò è dettato dal prorompere delle emozioni negative e parlano di attaccamento e di odio. Per i Svātantrika e i sistemi inferiori questi movimenti della mente sono in armonia con il loro oggetto e non vi vedono né coscienze distorte né emozioni negative. Notate che a livello convenzionale le emozioni negative sono classificate in grossolane e in sottili in rapporto ad alcune realtà giudicate attraenti o ripugnanti. La definizione delle emozioni negative proposta dai Prāsaṅgika permette di identificare le emozioni più sottili. Ma allora come è possibile decidere se qualcosa esiste o no così come appare? Bisognerà seguire i ragionamenti della Via di Mezzo.

Se l'oggetto è così come appare, è necessario trovarlo ancora al termine del ragionamento analitico. Qualunque sia l'oggetto delle sei coscienze che appare alla nostra mente, esso è percepito come se oggettivamente esistesse. Pertanto, se realmente è così come appare, quando lo cerchiamo dovremmo trovarlo. Se questa ricerca non approda a nulla, si avrà la prova che obiettivamente esso non esiste. Il ragionamento invaliderà la sua oggettiva esistenza provando che obiettivamente non esiste: l'errore consisterà dunque nel percepire l'oggetto come se avesse un'esistenza oggettiva, poiché non è così che esso di fatto esiste. Una volta che sappiamo che le cose non sono realmente così come appaiono, si tratta solo di abituarsi a questa ricognizione, affinché il potere delle emozioni negative sottili diminuisca.

La maniera di stabilire il modo reale dei fenomeni, in altre parole la loro vacuità, sarà dunque sottile o grossolana: si tratta di qualcosa che va approfondendosi e il cui stato ultimo, formulato nei testi della Via di Mezzo, non può assolutamente essere annullato dal ragionamento. Proprio ciò che il ragionamento sulla natura ultima prova, quella spiegazione della verità della cessazione secondo la Via di Mezzo. Ed è su questo dunque che bisogna veramente concentrarsi.

Sembrerebbe che i quattro sistemi filosofici del buddhismo siano in armonia con la nobile verità della cessazione, ma l'approccio mādhyamika, e più precisamente prāsaṅgika, di questa verità risponde a una necessità di estrema profondità. È dunque in funzione delle differenze di sottigliezza in materia di visione filosofica che si osserveranno parimenti delle differenze di sottigliezza quando si procederà all'identificazione delle emozioni negative che costituiscono la verità dell'origine della sofferenza. Se è possibile fare questa differenza tra le emozioni negative che sono all'origine della sofferenza, la verità della sofferenza sarà anch'essa sottile oppure grossolana. La verità della cessazione, che indica l'inaridimento della sofferenza e dell'origine della sofferenza così considerate, sarà dunque anch'essa sottile o grossolana.

Siccome la tesi della vacuità può essere sottile o grossolana, quando giungiamo a conoscere i principi della vacuità sottile, osserviamo differenze di sottigliezza nelle tesi sulla vacuità e nei modi di percepirla.

In virtù di questo punto essenziale ci sono diversi modi di definire la verità della cessazione che è l'essenza stessa della vacuità. Inoltre la percezione errata della vacuità dà luogo a una teoria delle emozioni negative sottili, da cui deriva una verità sottile della sofferenza: è dunque una differenza di profondità nell'approccio della vacuità che determina diversi modi di stabilire i principi delle quattro verità.

Per capire l'esposizione dettagliata delle Quattro Nobili Verità è necessario anche conoscere con precisione il sistema delle due verità. Per farsi un'idea giusta delle Quattro Nobili Verità è ugualmente necessario conoscere la teoria sottile delle due verità.

L'ornamento della perfetta realizzazione[69] di Asaṅga[70] parte dalle istruzioni relative alla meditazione del Risveglio: all'esposizione delle due verità si succedono i principi delle Quattro Verità in relazione alle due verità e infine vi è la presentazione dei Tre Rifugi[71] in funzione delle Quattro Verità. Il rapporto tra le due e le Quattro Verità, poi tra le Quattro Nobili Verità e i Tre Rifugi trova un'espressione molto dettagliata ne *La chiarificazione delle Stanze della Via di Mezzo*[72] di Candrakīrti.

Quando si spiegano le due verità è essenziale ricordarsi che non sono per l'esattezza insegnamenti su ciò che è bene adottare o respingere. Le due verità sono insegnate per stabilire il modo reale di un oggetto. Sono certo in relazione con gli insegnamenti su ciò che è bene adottare o respingere, ma la loro funzione principale è quella di farci conoscere il modo reale di un oggetto. Parlo di «modo reale di un oggetto» perché non è l'unico fenomeno incluso nel sistema delle due verità. Le quattro verità, in compenso, sono consacrate alla pratica e spiegano ciò che è bene adottare o respingere.

È comunque necessario stabilire le due verità per spiegare le cose conoscibili sulla base della loro condizione reale al fine di diminuire la sofferenza e liberarsene.

26 aprile 1997, pomeriggio

CONFERENZA

Riconoscere la sofferenza.
Eliminare la sua origine.
Attualizzare la sua cessazione.
Meditare sulla Via.

Mi piacerebbe innanzitutto fare un annuncio. A partire da oggi, alla fine di ogni seduta, mediteremo per cinque minuti, ma prima per mezz'ora risponderò alle vostre domande. Se avete una domanda da farmi, vogliate metterla per iscritto prima dell'insegnamento.

Come si producono le «Quattro Verità»? Ciò che non si desidera è sofferenza. Ciò che si desidera è piacere. Indesiderata, la sofferenza dipende dalle cause e dalle condizioni. Desiderato, il piacere deriva da cause e da condizioni. Qui il «piacere» o «benessere» non sta a indicare soltanto le sensazioni piacevoli, ma piuttosto la felicità che bisogna realizzare, una felicità durevole e priva di ogni sofferenza, ma che dipende anche da cause e circostanze.

La sofferenza che bisogna eliminare è ciò che non vogliamo e che vogliamo dissipare. Le cause e gli effetti della sofferenza costituiscono un insieme, mentre le diverse cause e i relativi effetti della felicità che dura, essendo ciò che bisogna realizzare, formano un altro insieme.

Asaṅga, il Protetto di Maitreya,1 propone il seguente confronto: diciamo che i dolori della malattia a noi nota rappresentano la verità della sofferenza; che i microbi rappresentano la verità dell'origine della sofferenza; che la liberazione dalla malattia, grazie all'eliminazione dei microbi, rappresenta la verità della cessazione; e che, per finire, la medicina che permette di vincere i microbi rappresenta la verità della Via.

Innanzitutto, quando non ci accorgiamo di essere ammalati non possiamo desiderare di non esserlo più. Colui che soffre di una malattia deve prima di tutto averne coscienza. Alcuni malati sostengono di non esserlo ed è assolutamente impossibile far prendere loro delle medicine. Bisogna dunque riconoscere di essere ammalati. Così il Buddha, quando insegnò le Quattro Nobili Verità, dichiarò che bisognava prendere coscienza della sofferenza.

Una volta riconosciuta la sofferenza, diciamo di non volere la malattia e di stare veramente male. Allora cerchiamo la causa della malattia e, riconoscendola, capiamo che ci siamo ammalati per quella ragione e in quelle circostanze, e che ci cureremo. Arriveremo perfino a dirci che in poco tempo ritroveremo la salute.

Il Buddha dichiarò nello stesso modo che bisognava eliminare l'origine della sofferenza: capita una volta, è la causa o l'origine della sofferenza che bisogna eliminare. Potremo chiederci se è possibile sopprimere la causa della sofferenza. Orbene, il Buddha, avendo visto che era possibile, dichiarò che bisognava «attualizzare la cessazione».

Il malato che vuole «attualizzare la cessazione» dei microbi che lo pervadono comincerà dunque con il riconoscerli. Una volta che avrà visto la possibilità di farsi indicare una cura, scorgerà la guarigione al termine della malattia: vorrà allora «attualizzare la cessazione» di quest'ultima e una volta convintosi che, esercitandosi sulla via della cessazione, raggiungerà la guarigione completa, comincerà la cura.

Se la malattia è incurabile, non è affatto necessario seguire una qualsivoglia cura. Non appena vediamo che è possibile guarire, cominciamo la cura. Ugualmente, quando si intravede la verità della cessazione, si vuole realizzarla. Perché ciò sia possibile, il Buddha dichiarò che bisognava «meditare sulla Via».

È dunque relativamente alla pratica delle quattro verità che egli dichiarò che bisognava:

«Riconoscere la sofferenza.
Eliminare la sua origine.
Attualizzare la sua cessazione.
Meditare sulla Via».

A che cosa assomiglia colui che deve riconoscere la sofferenza, eliminarne l'origine e realizzare la Via? Questa persona, questo individuo che vuole essere felice e non vuole soffrire, questo io, questo sé, va esaminato a fondo. Si chiama «io», «sé» o «individuo» ciò che sopravvive da una vita all'altra, a quanto dicono i testi non buddhistici indiani che ritengono debba esistere un'entità o un essere che da una vita anteriore giunge in questa e che se ne andrà nella prossima. Orbene, quando si percepisce qualcosa *che non è* ciò che viene dalla vita precedente e che se ne andrà nella vita seguente, si è costretti a stabilire un sé, un io o una persona che sia differente dagli aggregati. Alcuni adepti del sé (o *ātman*) sostengono per questo che il sé è diverso dagli aggregati.[2]

Dunque, nell'ambito di una sola vita è essenzialmente in rapporto ai propri aggregati che si dice che si è giovani, adulti o vecchi. Io stesso sono stato piccolo, almeno per i miei maestri, per esempio, o per coloro che erano con me; poi sono stato giovane, a poco a poco ho percorso il fiore degli anni, poi la mia peluria è diventata bianca, ho perso i denti e sono pieno di rughe. Quando, osservando il mio corpo, dico che «sono invecchiato», sembra ineluttabile che abbia un io fin dal primo istante della mia vita.

Alcuni sostenitori del sé spiegano dunque che il sé è differente dagli aggregati e che fin dal primo istante di vita esiste un «io». Per spiegare le cose in funzione delle conoscenze biologiche attuali, sapete certamente che le particelle che costituiscono il corpo cambiano ogni istante. Sotto questo punto di vista gli aggregati sono puro cambiamento. Si penserà dunque che se si ha un io dall'inizio di questa vita, sarà necessariamente diverso dagli aggregati. Se esiste un io diverso dagli aggregati, quando si saranno capiti i cinque aggregati, in altre parole il corpo e la mente, bisognerà pure che resti qualcosa, una volta che il corpo e la mente si saranno staccati l'uno dall'altra. Orbene, siccome non si trova nulla, allora non ci sono aggregati diversi dal sé.

Il sé è diverso dagli aggregati, ci viene spiegato. È immutabile e permanente, unico e indipendente. In questo caso l'io dell'infanzia e l'io della vecchiaia costituiscono qualcosa di inclassificabile, modellato sui movimenti degli aggregati e dunque cangiante per natura.

Per questo motivo i buddhisti ammettono tutti che non esiste nulla di uguale a questo individuo sostanziale, permanente, unico e indipendente.

26 aprile 1997, pomeriggio

DOMANDE-RISPOSTE

Come è possibile sapere se i modi reale e apparente coincidono veramente? Di che cosa si tratta? Chi percepisce la coincidenza del reale e dell'apparenza può anche farsi delle illusioni?

L'analisi intellettuale porta a una conclusione che nel pensiero si persegue con la meditazione. Se questa conclusione non è erronea, essa corrisponde alla realtà, più si mediterà e più l'esperienza del suo senso andrà approfondendosi. Ecco una spiegazione generale. Penso dunque che per condurre la propria riflessione[1] non bisogna contare sulla coscienza ordinaria ma sulla saggezza.

Pertanto, quando avendo ben riflettuto su questa o quella cosa si giunge a una conclusione che nessun' altra riflessione può modificare, a poco a poco si incrementa la propria esperienza. Può allora capitare di provare un leggero malessere, un sentimento di contraddizione, ma ciò dipende dal grado di perfezione che l'analisi ha raggiunto. Se l'analisi è stata portata veramente fino in fondo, qualunque sia l'aspetto sotto cui si considera la sua conclusione e qualunque sia l'oggetto al quale si applica questa conclusione, non si può provare il minimo imbarazzo. È così, forse, che dovremmo pensare.

Generalmente l'esistenza e l'inesistenza hanno un valore a livello della verità convenzionale e ciò che è convenzionalmente vero si dice che non possa essere negato con una verità convenzionale diversa. Vi è dunque ora un altro pensiero che possa contraddire il pensiero scaturito da una conclusione individuale? Perché se ci fosse un altro pensiero che possa provvisoriamente contraddirla, se ne troverebbe necessariamente un terzo per contraddire il secondo. È così che bisogna vedere le cose.

La credenza nel sé, per esempio, contraddice il pensiero che l'essere in sé non esista. L'inesistenza dell'essere in sé è allora assolutamente inammissibile. Possiamo anche affermare che le cose esistono realmente con il pretesto che siamo a loro legati per quanto riguarda i vantaggi e gli inconvenienti che esse effettivamente presentano e per altre ragioni simili. Credere nell'esistenza reale delle cose contraddice però il pensiero ricavato dalla loro irrealtà, ma solo provvisoriamente. Poiché la meditazione sul pensiero che vede che le cose non esistono realmente può svilupparsi all'infinito, mentre il pregiudizio secondo cui esse esistono realmente, esaminato da tutti i punti di vista con l'aiuto di molteplici ragionamenti, non trova molte opinioni a suo sostegno. Se la conclusione che abbiamo raggiunto è contraddetta da una verità diversa, quest'ultima sarà probabilmente negata a sua volta da un altro ragionamento. La verità convenzionale riguarda ciò che accade in ogni mente, ciò che questa o quella coscienza percepisce.

Quanto a sapere, però, se una percezione è corretta o autentica, ciò dipende da un'altra percezione ancora che non dovrà invalidarla. Ma questo oggetto convenzionale ora ammesso sarà negato da un'altra verità convenzionale? Sarà negato dal ragionamento che analizza lo stato ultimo del suddetto oggetto? Bisognerà decidere della sua esistenza procedendo a questi due tipi di analisi.

Io e i miei simili pensiamo secondo le nostre capacità, e all'analisi di cui siamo capaci aggiungiamo le conclusioni degli studiosi esperti e degni di fiducia. È così che bisogna procedere: confrontando e associando la loro esperienza alla nostra. Questi esseri degni di fiducia, esperti quanto eruditi, non sono soltanto coloro che generalmente troviamo affidabili. Per avviare bene la nostra analisi è necessario che siano esseri affidabili, eruditi e esperti nell'ambito di tale analisi, poiché se si trattasse di un esperto in tutt'altro campo, anche se degno di fiducia, sarebbe nostro diritto chiederci se è giusto rivolgerci a lui per quello che ci interessa.

Infatti, se ora procediamo all'esame di un oggetto ricorrendo alle idee di Nāgārjuna e di Āryadeva, è soltanto con gli scritti degli esseri eruditi e esperti, famosi per avere esperienza nella tradizione di Nāgārjuna e Āryadeva, che bisogna confrontare il nostro pensiero, perché per quanto affidabili possano essere i testi di Asaṅga e di Vasubandhu,[2] per esempio, ciò di cui parliamo qui non rientra esattamente nel loro campo.

(Risposta a una domanda che è stata perduta)

Quando parliamo dei tre tipi di sofferenza non pensiamo mai che la sensazione piacevole insudiciata sia una sofferenza. Mi chiedo se non bisogna esaminarla dal punto di vista delle cause e degli effetti, oppure anche secondo la definizione che diamo alla parola «sofferenza». Una persona la percepirà come un difetto, ma un'altra non ci vedrà il minimo inconveniente: tutto dipende dal punto di vista adottato. Se confrontiamo una qualsiasi sofferenza a una grande sofferenza, si potrà considerarla quasi come se non fosse dolorosa; e confrontata a un'altra ancora sarà possibile vederla come una grande sofferenza. Tutto è molto relativo.

Il modo in cui due persone diverse vedono la stessa sofferenza dipende dunque dal fatto che non tutti la consideriamo nello stesso modo: se una persona vi scorge molta sofferenza, mentre l'altra non ne scorge altrettanta, potremo dire che le loro percezioni sono entrambe vere, poiché i loro sguardi sono relativi e dunque diversi. Se davanti allo stesso oggetto e nello stesso momento uno parla di piacevole e l'altro di sgradevole, inevitabilmente uno dei due si sbaglia. È quindi così che potremo giudicare il vero e il falso relativamente all'opinione comune.

Quando lei parla del modo apparente, della verità relativa di tutti i fenomeni, e del loro modo reale, di verità assoluta, che cosa intende per «tutti i fenomeni»?

Le molteplici metamorfosi che contribuiscono all'apparenza delle cose. È permesso pensare che ciò che non dipende dalla molteplicità, ma dal solo aspetto del sapore unico, appartenga al livello assoluto. Come abbiamo detto bisogna distinguere ciò che la ragione trova al termine dell'analisi dell'ultimo e ciò che trova al termine dell'analisi del convenzionale. Osserviamo i fiori. Quello che si può dire delle loro forme e colori, delle loro cause primarie e secondarie e via dicendo, tutto dipende dalla verità relativa. Se metodicamente cerchiamo il *fiore ultimo* di questi fiori dotati di forme e di colori, non troviamo nulla. Pertanto, non esiste nulla che non sia relativo. Questi fiori sarebbero infatti *altra cosa*? Nemmeno. Ma allora come esistono? Non hanno un'esistenza oggettiva, ma esistono perché si è prodotto un incontro di certe condizioni. Noi non percepiamo questi fiori come «esistenti per il fatto che si è verificato un incontro di certe condizioni». Un fiore è un fiore «in sé». Il fiore non esiste indipendentemente da ogni altra cosa, ecco il suo modo reale. Ciò che trova il pensiero, che teorizza senza analizzare, permette di classificare i fiori in bianchi, gialli e così via. Ciò dipende dal modo apparente della verità relativa. Che cosa troviamo quando analizziamo un fiore per conoscerne il modo reale? Ci troviamo di fronte a un fiore senza esistenza reale, di fronte all'impossibilità di trovare un qualsiasi fiore. E questo rientra nella sua verità assoluta.

Come possiamo avere rapporti con gli altri se non abbiamo un sé?

Ho spiegato che bisognava cominciare con l'accertarsi del sé. Nessuno ha mai detto che non c'era il sé. Guardate. È esattamente come il fiore di poc'anzi: quando diciamo che il sé, la sostanza o il fiore, dunque, non esiste realmente né di per sé, vogliamo semplicemente dire che le cose si producono per interazione.

I quattro sistemi filosofici del buddhismo, Vaibhāṣika, Sautrāntika, Cittamātrin e Mādhyamika sono stati creati da studiosi indiani oppure sono stati insegnati dal Buddha?

Ai giorni nostri, all'università il nome di «Buddha» evoca un personaggio storico che ufficialmente non avrebbe insegnato il Grande Veicolo. Il Grande Veicolo non compare nella sua opera omnia. Poiché il Grande Veicolo compare raramente nelle raccolte del Triplice Canestro,[3] lo svātantrika Bhāvaviveka[4] osa chiedersi nel suo *Braciere di logica*[5] se i discorsi del Grande Veicolo attribuiti al Buddha siano stati compilati da Maitreya, Mañjughoṣa[6] e da altri bodhisattva.

Per gli studiosi il Buddha mise sicuramente in moto la ruota degli insegnamenti. Lo fece soprattutto per gli Uditori della sua cerchia. Gli Uditori sono i principali depositari della sua dottrina. I laici che avevano fede nel Maestro provarono un senso di disagio. A poco a poco e soltanto perché i laici consolidassero la loro pratica spirituale, apparve il Canestro dei bodhisattva. In questo Canestro è scritto chiaramente che l'ordinazione è una cosa eccellente, ma gli studiosi non smettono di discutere per sapere se i «bodhisattva» sono monaci o meno. Ed è così che alcuni arrivano a dire che il corpo assoluto del Buddha è un'invenzione dei laici.

Io credo che queste cose meritino una riflessione. L'analisi precedente segue dunque l'opinione degli studiosi secondo cui il Dharma si sarebbe arricchito seguendo l'evoluzione storica. Il Buddha avrebbe iniziato a insegnare intensamente. Successivamente, avendo gli studiosi indiani introdotto alcune aggiunte, i suoi insegnamenti avevano continuato ad ampliarsi. Ma a che cosa vogliono arrivare coloro che sostengono una cosa simile? Essi sono profondamente convinti che il Buddha non è che un essere comune. E sono le nobili dichiarazioni di questo essere comune che i suoi discepoli avrebbero ampliato affinché il Grande Veicolo arrivasse a questo punto. Ecco quanto sostiene l'analisi storica degli studiosi.

Quando si è buddhisti, ci si chiede se è possibile da una prospettiva generale raggiungere la buddhità: esiste qualcosa come il *saṃsāra* e il *nirvāṇa*?[7] Bisogna cercare in questo senso? Se il *saṃsāra* e il *nirvāṇa* esistono, è possibile eliminare le emozioni negative? L'individuo che ha eliminato le sue emozioni negative, in che cosa differisce da noi? L'essenziale è sapere se la liberazione[8] è possibile oppure no. Io penso che siano queste le domande da porsi.

Se percepiamo il Buddha come un essere comune, noi siamo difatti molto più istruiti di lui. Se immaginiamo il Buddha come un semplice personaggio storico, siamo costretti ad ammettere che da questo punto di vista Nāgārjuna era più istruito di lui. Ma noialtri siamo più istruiti di Nāgārjuna. La maggior parte di noi possiede un computer. A tal punto siamo più istruiti che con le nostre conoscenze superiori e la nostra intelligenza non dovremmo interessarci alla scuola del Buddha. Questi due modi di pensare risultano dunque radicalmente diversi.

Voglio dire che se consideriamo il buddhismo dal punto di vista della sua evoluzione, il Buddha non è altro che un essere umano, ma un essere caloroso, che ha insegnato qualcosa di molto semplice. Più tardi è arrivato Nāgārjuna che, partendo dagli insegnamenti del Buddha, inventò qualche nuova idea; poi venne Asaṅga e, ancora dopo, Candrakīrti, che fecero lo stesso. Se veramente le cose sono andate così, come ho appena finito di dire, noi siamo molto più dotati oggi, molto di più, almeno per quanto riguarda gli studi. Viviamo in un'epoca molto più ricca. Sono quindi i punti di vista che sono diversi. Il punto di vista finale è il seguente: c'è *sūnya*,[9] c'è un *nirvāṇa*, c'è la possibilità di eliminare tutte le emozioni che ci affliggono e tutta l'ignoranza? Ecco le domande fondamentali.

Se è possibile eliminare le emozioni che ci affliggono, devono per forza esistere degli esseri che hanno fatto una simile esperienza, ma naturalmente non possiamo paragonarci a loro. Certi fenomeni ci sembrano difficili da capire perché manchiamo ancora di esperienza spirituale. Ma bisogna considerare anche altri fattori: coloro che ci parlano della liberazione dalle emozioni non dovrebbero avere nessuna ragione di mentire e ispirarci fiducia. Non dovrebbe neanche esserci contraddizione tra le diverse dichiarazioni di tutti coloro che meritano la nostra fiducia a proposito dei fenomeni nascosti. Per giudicare questi fatti, e in alcuni campi, ricorriamo per il momento alle dichiarazioni di un terzo. È molto complicato. Finirò questo argomento domani perché necessita di ulteriori spiegazioni.[10]

Andiamo ora a meditare quattro, cinque minuti. Potrete pensare indifferentemente alla non permanenza, alla compassione, alla fede o all'oggetto su cui abitualmente meditate, qualunque esso sia.

27 aprile 1997, mattina

CONFERENZA

Non violenza e produzione interdipendente. Il «sé» è coscienza mentale o fondamentale? Esistenza nominale ed esistenza concreta. «Non è tanto che l'individuo sia inesistente, ma non esiste in sé.»

Le coscienze momentanee e la chiara luce della mente. La coscienza non è che un'esperienza di conoscenza e di chiarezza. Prova della successione delle vite. Il continuo della chiara luce originaria innata non ha né inizio né fine. A proposito della «reincarnazione». Differenza tra gli esseri comuni e i buddha.

I big bang. Differenza tra karma *e natura delle cose.*

Che cos'è l'ignoranza? I dodici elementi della produzione interdipendente. I quattro criteri di verità nel sistema della «Via e del Frutto» dei Sakyapa. Importanza fondamentale di Nāgārjuna.

Comincerò ripetendo quello che dico sempre. Tutti gli insegnamenti del buddhismo possono ricondursi a due cose: la pratica della non violenza e la filosofia della produzione interdipendente.[1]

Questa filosofia comincia con una comprensione grossolana che si raffinerà fino alla conoscenza della produzione interdipendente in tutta la sua ampiezza. La produzione interdipendente, su cui tutti i buddhisti sono d'accordo, indica la produzione delle molteplici metamorfosi, in altre parole della varietà degli effetti, per il solo fatto dell'interazione delle cause e delle circostanze. Le Quattro Nobili Verità e le due verità fondamentali, di cui abbiamo parlato ieri, si spiegano dunque in funzione della produzione interdipendente.

Chi coniuga la filosofia della produzione interdipendente e la pratica della non violenza è la persona, il «sé». Chi stabilisce la visione della produzione interdipendente e, una volta che l'ha stabilita, ne prova i vantaggi e gli inconvenienti, è ancora il sé. Al tempo stesso chi crede alla non violenza e la mette in pratica è proprio presso il sé che bisognerà cercarlo.

Numerosi sono coloro che in India e prima del Buddha si erano arrovellati sulla faccenda del sé o *ātman*. Per alcuni non buddhisti indiani il sé è un'entità diversa dagli aggregati. Orbene, mai nessun buddhista ammetterà l'esistenza di un sé del genere. Ma perfino in seno al buddhismo esistono numerose tesi sul sé. Per alcuni rami della scuola buddhistica dei Vaibhāṣika gli aggregati costituiscono il sostrato o la base delle qualità del sé. Altri pensatori buddhisti ritengono che il sé non abbia come sostrato i cinque aggregati, ma soltanto l'aggregato delle coscienze, non delle coscienze sensoriali, ma soltanto la coscienza mentale.[2]

Per gli adepti della Mente-soltanto,[3] che preferiscono al criterio dell'argomentazione logica quello delle scritture, una volta stabilito che la coscienza mentale è il sostrato del sé, risulta impossibile toccare con mano una coscienza che non sia insudiciata e quindi risulta necessario stabilire l'esistenza di una coscienza «fondamentale»[4] esterna alle sei coscienze psicosensoriali. Così i Cittamātrin affermano che questa coscienza fondamentale neutra costituisce il sostrato delle qualità del sé. Quindi, oltre alle sei coscienze o associazioni psicosensoriali, i sostenitori della Mente-soltanto postulano l'esistenza di una coscienza fondamentale e di una coscienza mentale emozionale.[5]

Anche nei Tantra si parla di otto coscienze.[6] Guardate, per esempio, la «Collana di Diamante»,[7] che è il Tantra esplicativo del *Guhyasamāja*, l'«Assemblea dei Misteri».[8] Bisogna comunque ricordare che la coscienza fondamentale dei Tantra non è uguale alla coscienza fondamentale così come la concepiscono i Cittamātrin. Nei loro scritti cittamātrin, consacrati alle otto coscienze, Asaṅga e suo fratello Vasubandhu descrivono la coscienza fondamentale come un'entità totalmente neutra, mentre nei Tantra la coscienza fondamentale è più spesso una metafora intenzionale della chiara luce e per questo perde il suo carattere neutro per diventare essenzialmente positiva.

Ora tutti questi sistemi esigono che si trovi qualcosa o qualcuno di reale quando si cerca l'oggetto stesso che indichi la parola «individuo».[9] Nei sistemi di pensiero non ci si accontenta dell'apparenza di cose che esisterebbero per natura, ma si riconosce che bisogna trovare qualcosa di reale quando si cerca l'oggetto designato, ritornando così ad ammettere l'esistenza di realtà oggettive oltre le apparenze. Perciò ogni scuola di pensiero buddhistica spiegherà a modo suo che l'esistenza di un'entità è doppia: nominale e concreta. Bisognerà nondimeno che il sostrato reale, l'oggetto designato, la cui esistenza è puramente nominale, esista anche realmente o per natura. In tutti questi sistemi, dunque, l'esistenza nominale è anch'essa inerente all'oggetto in questione.

In poche parole, voglio dire che in ciascuno di questi sistemi di pensiero, dove i fenomeni possono esistere in quanto designazioni e in quanto realtà, devono esistere cose reali che facciano da base di designazione alle cose designate. Sarà inevitabile quindi che la designazione «individuo» dipenda da un vero e proprio referente, da un sostrato realmente esistente. Ora, al momento di identificare quest'ultimo, bisognerà proprio ammettere che si tratta della coscienza mentale; e se non ci si ritiene ancora soddisfatti da questa tesi, si affermerà che si tratta della coscienza fondamentale. Insomma, tutti questi sistemi si riferiscono all'una o all'altra di queste categorie.

Quindi, a eccezione dei Mādhyamika-Prāsaṅgika, tutti i sistemi di pensiero buddhistici ammettono che esiste un oggetto, una realtà che per esistere ha un individuo, che in realtà non ha altra esistenza se non quella nominale, ma che, quando si tratti di verificarlo con mano, per alcuni sarà la coscienza mentale e per altri la coscienza fondamentale.

Nei loro commenti al pensiero straordinario di Nāgārjuna, il suo discepolo Buddhapālita, come pure i due autori prāsaṅgika Candrakīrti e Śāntideva, citano lo stesso passaggio dei Sūtra:

«Come dipendentemente dall'insieme
Delle sue parti si parla di carro,
Dipendentemente dai suoi aggregati si parla,
Come verità relativa, di essere animato».

In altre parole un «carro»[10] altro non è che la designazione legata all'insieme degli elementi che convenzionalmente costituiscono ciò che si chiama un «carro»: non abbiamo mai trovato un carro in quanto tale in una sola delle parti che lo costituiscono, nei suoi dettagli, nella forma e via dicendo. Eppure il Buddha insegna che come chiamiamo «carro» l'insieme degli elementi che lo costituiscono, così le designazioni «sé» e «individuo» dipendono anche dagli aggregati o meglio dal corpo e dalla mente. Ciò permette a Buddhapālita di scrivere quanto segue:

«Se le cose esistessero per natura non sarebbe necessario assegnare loro dei nomi dipendenti».

Questo prova che esse non esistono in virtù della loro natura. Ricordiamo le parole del Sūtra:

«Dipendentemente dai suoi aggregati si parla,
Come verità relativa, di essere animato».

Si «parla» o meglio «vi si affianca la designazione» di essere animato. L'individuo riceve quindi questo nome in relazione ai suoi aggregati. Gli aggregati formano il referente (della parola «individuo») o la sua «base di designazione»; e la cosa sunnominata, il nome, che su questa base le si dà, è l'individuo. C'è dunque una contraddizione tra il referente e il nome. Il referente e la denominazione, dato lo stesso oggetto particolare, si ostacolano reciprocamente.

Come è possibile ciò? La cosa sunnominata è come l'agente e il referente come l'atto. Nel caso dell'individuo, questi è l'agente e gli aggregati, che fanno da base alla designazione «individuo», rappresentano l'azione di questo agente. In altre parole gli aggregati sono l'appropriazione[11] e l'individuo colui che fa propri gli aggregati. Ora l'autore dell'atto e l'atto in sé sono necessariamente due cose distinte.

Sta proprio qui il difetto che consiste nel confondere l'agente e l'azione, in modo tale che è impossibile trovare l'individuo nel suo referente, gli aggregati. E non lo troveremo altrove molto di più che negli aggregati né tra gli aggregati stessi.

Non perché gli individui, le persone non esistano affatto. È impossibile negare l'esistenza degli «individui». Ma allora, come esistono? La loro esistenza non deriva dalla loro natura e si limita in realtà a una semplice designazione con l'unico potere del nome.[12] Inoltre, se non troviamo nulla cercando l'oggetto che la parola «individuo» designa, tantomeno troviamo qualcosa quando cerchiamo gli aggregati che fanno da supporto a tale designazione.

Questa esistenza ammessa «senza esame, conformemente all'opinione e per ignoranza», o ancora questa esistenza reale che, dovutamente analizzata,è quanto mai evidente, non ha nulla che possa essere trovato. Si tratta, infatti, di un'entità puramente convenzionale, la cui esistenza soddisfa l'opinione comune in assenza di analisi. Si tratta quindi di un'esistenza puramente consensuale; nulla di assolutamente obiettivo. Ma nulla di ciò che soddisfa il senso comune necessariamente esiste. L'esistenza «reale», ecco che cosa ha valore per l'espressione comune, ma tutto ciò che si confà al mondo non esiste necessariamente a livello assoluto.

Colui che non riesce a trovare nulla quando cerca ciò che chiamiamo «io» o «persona», l'individuo che senza analizzarli prova piacere e dolore, quest'essere che accumula le cause: ecco, la sua esistenza è innegabile! L'individuo non è tanto inesistente, ma non esiste in sé. Se la personalità si trova negli aggregati, l'individuo esisterà per natura. Se ammettiamo che l'individuo esiste per natura bisognerà ben trovarlo cercandolo negli aggregati. L'individuo non esiste per natura. Dal momento che è soltanto un nome, non è più necessario trovarlo.

Ammetteremo dunque che l'individuo è una designazione concettuale basata sugli aggregati. Dei cinque aggregati referenti, l'aggregato delle coscienze è il più importante. La parola «individuo» designa dunque la continuità delle coscienze di questo o quell'individuo. Le tesi non sono concordi sul numero delle coscienze, ma tutte affrontano gli aspetti grossolani della coscienza.

Nei Tantra Insuperabili[13] si fa distinzione tra coscienze grossolane, sottili e sottilissime. Le coscienze grossolane e sottili sono accessorie: appaiono quando le condizioni necessarie alla loro esistenza sono riunite, scompaiono quando queste stesse condizioni hanno termine.

Prendiamo la coscienza visiva: questa si produce quando la condizione «oggetto», all'occorrenza una forma esteriore, così come la condizione dominante, la condizione immediata (e la condizione causa principale) sono tutte riunite. Quando queste quattro condizioni hanno fine, la coscienza visiva svanisce. Quando, per esempio, svanisce la coscienza che percepisce i fiori, sono le coscienze senza percezione di oggetti e svariate altre coscienze a occupare la mente. Queste coscienze sono grossolane: appaiono per una coincidenza di condizioni e scompaiono quando queste non ci sono più.

Ugualmente le coscienze sottili, del genere delle emozioni negative o dei pensieri distruttivi come gli ottanta «pensieri indicativi»,[14] queste coscienze sottili, dicevo, appaiono quando le condizioni sono riunite e scompaiono quando non ci sono più. Sotto questo aspetto diamo loro il nome di «coscienze momentanee».

Quanto alle coscienze sottilissime, esse sono quattro nel sistema del *Guhyasamāja*, ovvero: vuoto, molto vuoto, grande vuoto e tutto vuoto. I tre primi «vuoti» sono «momentanei»; soltanto il quarto è «originario». Ed è quest'ultimo che designa la «chiara luce originaria». Questo «tutto vuoto» non scaturisce da condizioni momentanee; non è come gli altri vuoti di coscienza, che si manifestano a causa della coscienza di certe condizioni momentanee e che scompaiono con la loro scomparsa.

Ciò che chiamiamo «chiara luce naturale» designa qualcosa che sussiste da sempre. Le coscienze grossolane e sottili provengono tutte dalla dimensione assoluta della chiara luce e tutte si estinguono nella dimensione della chiara luce. Così per parlare della morte, quando si manifesta la chiara luce dell'istante della morte, non resta che la sola e unica chiara luce.

Una volta che le sei coscienze si sono spente, vale a dire una volta che il calore del corpo e di conseguenza anche la vista, l'udito e le altre facoltà sensoriali si sono affievolite, la coscienza visiva e le altre coscienze si spengono. I pensieri grossolani scompaiono allora progressivamente con l'ottundimento del cervello. Infine, se tutte queste coscienze rincontrano le buone condizioni si manifesteranno nuovamente solo se esiste un potere o qualche schema abituale[15] che glielo permetterà: ecco spiegata la dimensione della chiara luce.

Ma allora questa mente naturale è una realtà in sé? Esiste per natura? La chiara luce originaria innata si presenta anch'essa come una successione di istanti e, in quanto tale, non possiamo trovarla: non troviamo nulla quando cerchiamo una «chiara luce» che per natura esisterebbe realmente: l'istante passato non esiste più, l'istante futuro non esiste ancora, e a ogni secondo il presente scompare. Questa coscienza sottilissima nasce e muore un istante dopo l'altro: gli istanti passati non esistono più e i seguenti stanno già distruggendosi. Tuttavia le coscienze grossolane sono dal punto di vista della continuità le fluttuanti creazioni di condizioni momentanee. Le coscienze grossolane e sottili che dominano la nostra vita odierna, per esempio, scaturiscono tutte dalla mente di chiara luce particolare al momento del nostro concepimento. E si spegneranno tutte nella chiara luce, quando questa si manifesterà al momento della nostra morte. Così le coscienze sottili e grossolane sono momentanee: quando il vecchio corpo si spegne, tutte le coscienze grossolane che si reggevano su di esso si spengono. E quando incontrano un nuovo corpo, le coscienze fondate su quel corpo nascono nuovamente. L'estinzione, la manifestazione e via di seguito obbediscono alle condizioni momentanee.

La chiara luce originaria innata, non essendo tanto la creazione di condizioni momentanee che modificano il continuo, non smette neanche dipendentemente dalla cessazione di certe condizioni momentanee: essa forma così un flusso ininterrotto. Quindi, tra le coscienze istantanee che sono soltanto esperienze di conoscenza e di chiarezza,[16] la maggior parte non esiste che in funzione della riunione di condizioni momentanee.

Così, per esempio, è interagendo con un'entità materiale come il cervello umano che nasce la coscienza umana. Per prodursi, non soltanto è necessario che questa coscienza sia legata a un corpo umano, ma senza il supporto di un corpo umano essa non potrebbe prodursi. Non lo sapevate? Tuttavia, se il corpo umano è la riunione delle condizioni che fanno da supporto a questa esperienza di conoscenza e di chiarezza, tale esperienza scaturisce dalla chiara luce. In assenza di chiara luce, nulla di simile a un'esperienza di conoscenza e di chiarezza potrebbe prodursi.

Questo funzionamento generale può essere giustificato anche così: ciò che non è coscienza non può essere causa di coscienza. È una cosa impossibile. La coscienza è un fenomeno composto. Poiché si fa e si disfa un istante dopo l'altro, essa ha necessariamente una causa. In un momento di coscienza visiva, per esempio, la condizione dominante, ovvero l'organo della vista, sostituirà la condizione immediata; ora questa ha bisogno di una causa effettiva. Nessuna coscienza può prodursi senza una causa effettiva della stessa specie.

Ecco perché la causa effettiva principale delle coscienze grossolane e sottili, puri istanti di conoscenza e di chiarezza, non può che essere la chiara luce. Gli schemi abituali acquisiti nelle vite anteriori per sussistere dipendono dalla chiara luce. Questi lampi di conoscenza e di chiarezza sono opera della chiara luce. Ma sostenendo che la chiara luce è essa stessa il prodotto di un'altra causa sostanziale, commettiamo l'errore di attribuirle un inizio. Sarebbe perfettamente assurdo che la chiara luce originaria fosse il prodotto di qualche cosa.

Ciò che i buddhisti chiamano «coscienza» non è generalmente un fenomeno dotato di una forma, nulla che abbia un colore, nulla di grossolanamente materiale. La coscienza non è che un'esperienza di conoscenza e di chiarezza. Quando si dice che un fenomeno che si manifesta come un lampo di conoscenza e di chiarezza deve derivare da una causa effettiva della stessa natura, si vuole dire che la causa effettiva della coscienza è essa stessa coscienza. Nel buddhismo non è concepibile che soltanto una sostanza materiale dotata di una forma sia la causa effettiva di una coscienza. È dunque molto difficile ammettere che la chiara luce si produca dipendentemente da una sostanza grossolana.

Allora, quali conclusioni si possono trarre da ciò? La chiara luce originaria innata non è il prodotto di precari istanti di coscienza. Al contrario, sono gli istanti di coscienza momentanei che sgorgano da questa coscienza originaria. L'originario non può derivare dal momentaneo, né da fenomeni materiali esterni né, tanto meno, può essere sprovvisto di causa. È proprio perché non è sprovvista di causa che la chiara luce non ha inizio.

La chiara luce originaria non è una creazione dalle condizioni momentanee. Non vi è dunque nulla che possa impedirle di durare. Non parlo qui di antidoto esterno che avrebbe questo effetto. Dal momento che ogni fenomeno momentaneo dipende da tutte le condizioni che l'hanno preceduto, esso cambierà aspetto nel momento in cui queste condizioni cambiano. Le condizioni non durano per sempre: sta nella loro natura. C'è qualcosa che si oppone alla loro durata. C'è naturalmente una condizione contraria o un ostacolo che impedisce all'istante di perdurare. Ciò che le condizioni momentanee hanno creato si distrugge non appena queste condizioni cessano. Orbene, per lo stesso fatto che la chiara luce originaria innata non è la creazione di certe condizioni momentanee, nulla può impedirle di durare. Per questo motivo si dice che la chiara luce non ha né inizio né fine. Ed è precisamente questo punto che permette di spiegare la successione delle vite, comunemente chiamata «reincarnazione».

Fin quando la chiara luce originaria innata è corredata da impurità, siamo «esseri comuni». Allora, che cos'è un «buddha»? Quando le costruzioni momentanee si sono tutte spente o rovinate nella dimensione della chiara luce e non riemergono più, il restare costantemente nell'unica chiara luce originaria innata vuol dire «essere un buddha».

Il fenomeno momentaneo che si è rovinato o dissolto nella dimensione della chiara luce innata non ne scaturirà senza motivo. È l'energia del *karma* che ci impedisce di restare nella dimensione della chiara luce: da qui la necessità di familiarizzare con la via mentale. Ecco anche perché l'io, l'individuo, non ha né inizio né fine. Ciò non impedisce che l'io, l'individuo, si trovi in una situazione in cui dipenda da un corpo grossolano e questo abbia un inizio e una fine.

Bisogna distinguere il corpo grossolano dal corpo sottile e dal corpo sottilissimo. Come per le coscienze, i corpi grossolani e sottili sono momentanei e il corpo sottilissimo è originario. Il «contenente» o il mondo inanimato, da cui il corpo grossolano a sua volta dipende, ha anch' esso un inizio e una fine. Ed è così che arriviamo alla teoria del big bang.

Per i buddhisti il big bang non è unico. Si può perfino dire che anche il big bang non ha né inizio né fine. Alcuni fisici pensano che il big bang sia unico e altri che ce ne siano tanti. Come dunque l'io, l'individuo, così designato in funzione della chiara luce, sarebbe il prodotto di un big bang? È possibile trovare la risposta nella verità dell'origine della sofferenza. La chiara luce originaria innata, generalmente neutra, è il luogo stesso in cui *saṃsāra* e *nirvāṇa* si separano.[17]

Ma allora come può esistere il *saṃsāra*? Non potendo durare nella chiara luce originaria innata, le coscienze momentanee, i pensieri discorsivi appaiono sotto l'azione dell'energia (o del soffio) *karmica*. Seguono le emozioni negative. Ciò che ha il potere di registrare[18] del *karma*.

Come è scritto nel *Tesoro (della Scolastica)*:[19]

«Il *karma* produce la varietà dei mondi».

E nell'*Introduzione alla Via di Mezzo*:[20]

«Lo spirito incontrollato produce
Le emozioni negative e il *karma*
La materia stessa dei mondi inanimati».

La coscienza, che è soltanto puro lampo di conoscenza e di chiarezza, non è tanto un effetto del *karma*. Essa si produce grazie alla sua causa effettiva, conformemente alla sua natura.

La semplice nozione di individuo, per esempio, non è un effetto del *karma*. Nell'individuo è il fatto di avere temporaneamente un corpo umano che è *karmico*. Nei fiori, invece, quanto le loro forme e i loro colori riescono a provocare nel campo del piacere e della sofferenza. Ciò che obbedisce solo alla causa effettiva che l'ha appena preceduto non dipende dal *karma*.

Dunque, se risaliamo alla causa degli oggetti materiali come i fiori, arriviamo a «particelle di spazio»[21] anteriori al big bang, che sono come resti dell'universo precedente una volta che questo si è disintegrato.[22] Non sono in grado di dire se anche i quattro elementi,[23] terra, acqua, fuoco e aria, esistono in virtù del *karma*. Come non è possibile dire se la temperatura e l'acqua necessarie ai fiori dipenda o non dipenda dal *karma*.

Che cosa chiamiamo «*karma*»?

Il *karma* designa in genere la causalità, il concatenarsi di cause ed effetti, che dipende dalla natura delle cose.[24] Il concatenarsi delle cause e degli effetti obbedisce soltanto alla natura delle cose; non c'è nulla di particolarmente *karmico*. Ma ciò che il più delle volte si intende per «*karma*» designa, in seno alla legge della causalità che rimane di ordine generale, il caso particolare di un'azione o di uno sforzo legato a un'intenzione particolare che forma la causa dell'effetto corrispondente e che ha il potere di produrlo.

Si tratta, quindi, nel quadro generale della legge della causalità, di una creazione legata a un'intenzione ed è in rapporto a questa intenzione che parliamo di atti buoni o cattivi.

Nāgārjuna nelle sue *Settanta stanze sulla vacuità*[25] scrive:

«Pensare che le entità nate da (certe) cause
In (certe) condizioni esistano realmente,
Ecco cio che il Maestro[26] chiama ignoranza.
È da essa che derivano i dodici elementi...».[27]

In altre parole: non si proverà certo la realtà come verità assoluta da ciò che non è altro che una designazione dipendente da una causa sottomessa a determinate condizioni.. Si chiama «ignoranza» l'opinione secondo cui una semplice designazione possiederebbe un'esistenza assoluta o reale. Le cose la cui esistenza dipenda da determinate cause, in determinate circostanze, non esistono veramente ma solo in certe condizioni. È sotto la spinta dell'errore che si concede loro l'essere vero e questo pensiero è chiamato dal Buddha «ignoranza». Di ignoranza in ignoranza scaturiscono i dodici elementi della produzione interdipendente.

Abbiamo appena descritto l'ignoranza primordiale. Se facciamo riferimento alla tradizione prāsaṅgika della Via di Mezzo, così come abbiamo visto prima, l'«ignoranza primordiale», che consiste quindi in questo realismo ingenuo,[28] costituisce il primo dei dodici elementi. È da questa che nascono l'attaccamento, l'odio e le altre emozioni che inevitabilmente accompagnano l'ignoranza realistica a un livello sottile. Per gli Svātantrika e le scuole inferiori si tratta di movimenti della coscienza conformi al loro oggetto. Ciò non impedisce che tutte le scuole, tranne i Prāsaṅgika ammettano l'esistenza reale, a livello della verità convenzionale di queste apparenze che noi percepiamo con tanta chiarezza. Tra tutti quelli che ritengono questa convinzione una credenza convenzionale e non un'esigenza realistica, non ce n'è uno solo che dichiari come i Prāsaṅgika che l'attaccamento e l'odio sottili, di cui abbiamo parlato prima, siano emozioni negative. L'oggetto che crediamo reale, se non attrae, ispira un movimento di arretramento; ma, se attrae, ispirerà il desiderio creando l'attaccamento: quando l'attaccamento o l'odio verso un oggetto che si ritiene reale si sono sviluppati al punto da non essere più sottili ma manifesti, i buddhisti sono tutti d'accordo nel riconoscere emozioni negative in questo attaccamento e in questo odio grossolani.

L'attaccamento e l'odio sottili in concomitanza con l'ignoranza realistica indotta dall'ignoranza sottile non sono emozioni negative comuni. Questo attaccamento e questo odio sottili hanno il potere di registrare il buono e il cattivo *karma* che permette di esistere al *saṃsāra* di composizione sottile. Tuttavia gli Svātantrika e le scuole inferiori non riconoscono che si tratta già del *karma* che forma il *saṃsāra*, poiché non ritengono l'attaccamento e l'odio sottili emozioni negative.

Penso, quindi, che questa composizione sottile sia direttamente alla base dei dodici elementi, tanto grossolani quanto sottili, della produzione interdipendente, a cominciare dalla coscienza sottile che al momento della causa si è iscritta quale schema abituale (di questa o quell'esperienza). Ecco un modo per spiegare i dodici elementi della produzione interdipendente senza la necessità di distinguere due serie, che vanno dall'ignoranza alla vecchiaia e alla morte, e di cui una deriverebbe da emozioni negative sottili e l'altra da emozioni negative grossolane.

Vorrei ora finire di rispondere alle domande di ieri. Nella «Via e il Frutto» dei Sakyapa[29] si parla dei quattro criteri di verità: le parole del Buddha, i grandi trattati, il maestro spirituale e l'esperienza personale.[30]

Prendiamo in considerazione un insegnamento e vediamo dunque come è possibile averne un'adeguata conoscenza nell'ordine naturale delle cose. La verità[31] comincia con una citazione del Buddha, continua nei grandi trattati che risolvono tutti gli enigmi sollevati da questa citazione; poi, una volta convinti della verità che si sprigiona dai Sūtra e dai trattati, il criterio di verità su cui bisogna contare è il maestro spirituale che attraverso la pratica ha raggiunto la realizzazione:[32] è grazie al maestro che nel continuo psichico[33] del discepolo il criterio di verità dell'esperienza personale potrà agire.

Se valutiamo questi quattro criteri di conoscenza vera con il metro della certezza che è possibile acquisire, sarà il criterio dell'esperienza personale che verrà per primo. Quando un individuo ha veramente un'esperienza meditativa, la convinzione che allora si acquisisce non sarà fondamentalmente scossa dai momenti di gioia e di sofferenza che ne seguiranno. Può accadere ogni genere di cose nella vita, incluse quelle certezze che procurano un po' di felicità, quelle certezze che permettono di non avere paura al momento della morte.

Non esistono forse mille modi di affrontare le cose? Dovrebbe essere possibile vivere in tutta pace: peraltro è ciò che accade a coloro che fanno l'esperienza anche di una realizzazione inferiore, senza poi parlare delle esperienze legate alle realizzazioni superiori, come la realizzazione della visione della vacuità o le manifestazioni di saggezza trasmesse in una iniziazione.[34]

L'individuo che ha avuto una normale esperienza meditativa autentica si appoggia comunque su questo criterio dell'esperienza per pensare che ha fatto questa esperienza accogliendo le benedizioni del maestro che lo istruisce. Coglie allora il criterio di verità che il maestro spirituale rappresenta. Quando il criterio del maestro è una certezza, è possibile vedere il maestro raggiungere la realizzazione autentica praticando sulla via garantita dai grandi trattati. Siamo allora costretti a constatare che le scritture, che hanno ispirato la pratica del maestro, sono criteri di conoscenza che non ingannano. E così, risalendo al maestro degli insegnamenti, il signor Buddha, riconosceremo che le sue parole sono criteri di verità.

In relazione alle normali esperienze che possiamo fare, le esperienze dei grandi maestri sono eminentemente superiori. Consegnate alla storia, ne abbiamo avuto necessariamente sentore e alla fievole luce delle nostre esperienze ordinarie possiamo capire che esperienze simili sono possibili.

Guardate me, per esempio, io non ho alcuna esperienza. Pensando agli anni che ho, sono vecchio, ma riguardo all'esperienza del Dharma sono proprio giovane. Eppure quando penso ad alcune cose, come al Risveglio, all'amore e alla compassione o ancora alla filosofia della vacuità, mi chiedo quanto tutto ciò mi permette di giudicare. Ebbene oso pensare che Nāgārjuna sia fondamentale. Veramente. Lo penso sinceramente. È lui che dichiara:

«Rendo omaggio a Gautama,[35]
Che, avendomi accolto nel suo amore,
Mi insegna il Dharma (del) reale[36]
Perché mi liberi di tutte le filosofie».[37]

Nāgārjuna era intelligente quanto erudito e la stima che nutriva nei confronti del Buddha indica due cose: che non soltanto considerava il Buddha come un essere che non ci trae in inganno, un infallibile criterio di verità, ma anche che non l'avrebbe mai considerato come un semplice essere ordinario pieno di bontà d'animo, un buon vecchio patriarca. Nemmeno noi, a pensarci bene, vediamo così il nostro amabile Istruttore. Le conoscenze di Nāgārjuna rimandano tutte alle parole del Buddha: non si tratta tanto di idee che il Buddha non avrebbe espresso, o che avrebbe addirittura ignorato e che Nāgārjuna avrebbe ricavato dalla sua intelligenza.

Attualmente conosciamo molte cose che Nāgārjuna non conosceva. Dovremmo quindi essere almeno un po' più «sapienti» di lui. E faremmo fatica ad accettarlo come nostro maestro se ci capitasse di incontrarlo. Per la maggior parte di quelli che vedono le cose così, il Buddha si è manifestato con sembianze umane, è invecchiato ed è morto. Tuttavia, pensando veramente alle qualità spirituali del Buddha, possiamo renderci conto che non è affatto così.

Il Buddha ha quattro corpi secondo una teoria che Nāgārjuna ritiene vera, perché l'ha sperimentata personalmente. Parimenti, gli eruditi dell'India e del Tibet ne hanno direttamente provato il valore: non è forse questa la conferma della validità di tale teoria? Allora, una volta convinti della sua validità teorica, possiamo capirla intellettualmente fino ad avere la certezza e ad ammettere che il sistema dei quattro corpi del Buddha, stabilito da questi saggi degni di fiducia, è indubbiamente vero.

Ed è per questo che Nāgārjuna dichiara:

«Rendo omaggio a Gautama,
Che, avendomi accolto nel suo amore,
Mi insegna il Dharma (del) reale
Perché mi liberi di tutte le filosofie».

Detto ciò, egli si inchina davanti a tutti gli innumerevoli e vasti insegnamenti che il Buddha dispensò in funzione delle capacità e delle aspirazioni dei suoi discepoli, per dissiparne le visioni erronee. Ecco dunque perché noi buddhisti crediamo che le quattro scuole di pensiero buddhistiche siano un'emanazione del Buddha. Dire che il buddhismo si è arricchito nel corso della sua evoluzione storica vuol dire allinearsi alla visione degli storici moderni. Noi buddhisti vediamo le cose diversamente.

27 aprile 1997, mattina

DOMANDE-RISPOSTE

(Risposta a una domanda che è stata perduta)

Esiste un'identità individuale[1] a livello della buddhità. Meno male che esiste, altrimenti che noia! Non sarebbe affatto piacevole diventare buddha se tutti i buddha si confondessero in uno solo.

(Risposta a un'altra domanda che è stata perduta)

Ci sono atti eseguiti che non sono registrati, atti eseguiti e registrati, atti che non sono stati né eseguiti né registrati. In poche parole, vi sono molti «atti». Parliamo di atti la cui esperienza è certa e atti la cui esperienza non è certa. L'atto eseguito è generalmente un atto la cui esperienza è incerta...

Se ci si occupa esclusivamente del bene altrui, come è possibile realizzare il proprio bene?

Per amare bisogna cominciare ad amare se stessi. Bisogna farlo per avere un esempio d'amore quando si tratterà di amare un altro. Quando non si ama se stessi, è veramente possibile amare qualcun altro? Ciascuno di noi può provare molto amore per un essere comune. Alcuni rischiano la vita per amore di un'idea. E altri ancora, per compassione e per il bene degli altri, finiscono per trascurare la propria felicità. Queste persone sono felici, anche se sono costrette a limitarsi e perfino soffrire dentro di sé. Diciamo quindi che in genere quando ci si occupa del bene altrui, contemporaneamente si fa il proprio bene.

C'è un karma *collettivo più pesante per alcuni popoli come per esempio i tibetani, gli armeni, gli ebrei e gli zingari?*

Veramente non credo che tutti questi individui abbiano accumulato tutti insieme un *karma* nello stesso momento, nello stesso luogo. Hanno accumulato un cattivo *karma* in luoghi diversi, in epoche diverse; poi, giunto il momento della ricompensa,[2] è la maturazione di ciò che il loro *karma* ha in comune che essi hanno provato. Almeno ciò è quello che penso.

L'addestramento della mente[3] *provoca spesso problemi e sofferenze. Come fare per evitarli e per risolverli?*

Bisogna confrontare gli interessi a lungo termine e quelli a breve termine. Così come insegna il *Cammino verso il Risveglio*[4] nel capitolo dedicato alla pazienza, per meditare bisogna ricorrere ai metodi con abilità. Se ci ostiniamo su una tecnica di meditazione, diciamo che passiamo l'intera giornata su una meditazione analitica o su un ragionamento, sempre lo stesso, arriva un momento in cui ci stanchiamo e siamo anche costretti a constatare che non siamo andati avanti di un millimetro.

A quel punto è importante concentrarsi su un altro argomento qualsiasi. Come l'uomo si nutre di una varietà di alimenti, così i temi per meditare sono nutrimento per la mente, che non rifiuta la varietà di gusti che la sostentano. Nella meditazione analitica, concentriamoci su ogni sorta di tema che, soprattutto, non devono mai perdere di freschezza. In compenso, quando si medita nella «quiete»,[5] la situazione è diversa: in questo caso bisogna concentrarsi su un solo oggetto.

Gli atti producono inevitabilmente degli effetti? Esiste un modo per evitarne le conseguenze?

Ogni atto virtuoso o nocivo può essere per così dire annullato da un altro atto molto più potente. Possiamo purificarci da un atto negativo dovutamente registrato pentendocene e decidendo di non ripeterlo più. Ma un solo istante di violenta collera è in grado di annullare la potenza di una buona ricompensa per molti atti virtuosi.

27 aprile 1997, pomeriggio

CONFERENZA

Gli schemi abituali. I dodici elementi della produzione interdipendente.

I bar do *della morte e dell'esistenza. Le cause della morte. La nascita. L'invecchiamento comincia dal concepimento.*

I tre tipi di sofferenza. La sofferenza è l'effetto delle emozioni negative che nascono tutte dall'ignoranza.

La verità della cessazione. «Vi è liberazione quando il karma *e le emozioni negative si esauriscono.»*

La verità della via. Il gioiello del Dharma designa la verità della via e della cessazione. I Tre Gioielli.

L'ignoranza del realismo ingenuo consiste nel credere che le cose esistano in sé e i dodici elementi della produzione interdipendente nascono da questa ignoranza realistica.

La «coscienza» forma il terzo elemento della serie.

Per esempio, una volta registrato un atto corporale, una volta che è stato compiuto, non avremo più definitivamente a che fare con questo atto? A causa di quest'atto e nel preciso istante in cui ha luogo, l'atmosfera è cambiata. Quando si litiga, per esempio, e si è spinti dall'odio, l'atmosfera ben presto degrada. Quando poi il litigio, ovvero l'atto, è finito, la sua energia si dice lasci un segno[1] nella coscienza. Gli eruditi indiani hanno studiato a lungo il terreno dove si deposita questo segno e dicono, tra l'altro, che la coscienza fondamentale è questo terreno. Spiegano anche che questo terreno è doppio, come pure gli schemi che vi si inseriscono e che possono essere temporanei o duraturi.

Il terreno in cui si inseriscono gli schemi temporanei non è altro che la coscienza mentale immediata. Quanto al terreno in cui si inseriscono gli schemi duraturi, non va cercato nell'io o nell'individuo così come li abbiamo affrontati. Non lo cercheremo quindi in ciò che fa da referente alla relativa designazione di «individuo», ma nel semplice io, chiamato così sulla base del suo referente.[2] La continuità di questo semplice io si ritrova di vita in vita: il semplice io, così chiamato in rapporto alla continuità della coscienza, sarebbe quindi permanente? È proprio su di lui che poggiano gli schemi abituali. Si dice.

Facciamo l'esempio di un atto verbale, buono o cattivo che sia, poco importa. Una volta cessato, lascia un segno, un futuro schema abituale. Per maggior chiarezza: nei testi prāsaṅgika, Nāgārjuna in persona spiega che i composti possono essere concreti o astratti. Così, dice, se il concreto indica l'atto, l'astratto è l'«abolito dell'atto» una volta abolito, perché ciò che «resta» di un atto che non è più è anche un fenomeno composto. Questi due composti, spiega Nāgārjuna, hanno entrambi la capacità di produrre ciascuno un effetto particolare. Non appena l'atto è finito, l'azione verbale, per esempio, non è più, ma la continuità che prosegue dopo la sua scomparsa esiste ed è questa continuità dell'atto scomparso che, incontrando poi certe condizioni, avrà il potere di produrre un effetto particolare. È precisamente questo potenziale che si inserisce nel semplice sentimento dell'io.

Adesso facciamo l'esempio del *karma* che provoca l'esistenza degli aggregati della vita seguente: quando finalmente incontra le condizioni necessarie, questo *karma* ha il potere di permettere agli aggregati di esistere. Il segno lasciato da questo atto o meglio l'«abolito concreto», ciò che «sopravvive» sottilmente alla sua scomparsa, costituisce una potenza reale o causale, da cui deriva la «sete» che è doppia e che consiste da una parte nel non voler più soffrire e dall'altra nel non voler essere privati della felicità. Intensificandosi, la sete scatena l'«attaccamento», l'attaccamento del desiderabile, per esempio; ed è l'intensità della sete e dell'attaccamento che al momento della morte determina l'elemento dell'«esistenza». Non c'è nulla di *karmico* in tutto ciò. Si chiama dunque «esistenza» il decimo elemento della produzione interdipendente, l'istante in cui, con la fine del *karma* della vita che termina, il potere di attirare la rinascita successiva ha raggiunto la sua potenza massima.

Vengono poi gli elementi di «nascita» e di «vecchiaia e morte».

Perché ci sia rinascita, bisogna che la nascita precedente abbia avuto fine con la morte. Non c'è esistenza intermedia, non c'è «*bar do*»[3] tra la morte e la rinascita, quando questa ha avuto luogo in una sfera del Senza Forma. In tutti gli altri casi c'è un *bar do* e credo che possa essere utile a questo punto dare qualche spiegazione sommaria sull'esistenza in questi *bar do* della morte e dell'esistenza.

Che cosa succede al momento della morte?

Per rispondere a questa domanda entreremo di colpo in un'ottica tantrica.

Tutte le coscienze momentanee fino all'«apparenza», l'«accumulazione» e il «vicino ottenimento» si riassorbono secondo il processo grossolano[4] di dissoluzione. Per ultima non resta che la chiara luce. Ed è a questa dissoluzione, che obbedisce al *karma* e che non è effetto di una pratica *yoga*, che si dà il nome di «morte». Parliamo della «chiara luce del momento della morte».

Il processo di dissoluzione designa il dissolversi successivo degli elementi grossolani, terra, acqua, fuoco e aria, e della coscienza. La respirazione grossolana cessa quando l'elemento aria svanisce. La medicina ritiene che quando la respirazione esterna cessa le funzioni cerebrali cesseranno da lì a poco. Eppure, quando l'aria «si è dissolta nella coscienza», come abbiamo visto, restano ancora quattro livelli di dissoluzione: bisogna passare dal primo istante di coscienza discriminante, dal secondo, dal terzo e dal quarto.[5] Stando ai testi, tuttavia, la morte effettiva sopraggiunge alla cessazione della chiara luce del momento della morte.

Come regola generale, per tre giorni si resta nella chiara luce. Parlo di un morente il cui stato generale di salute fosse equilibrato, non di un moribondo logorato dalla malattia. Ma non ci sono certezze in questo campo.

Alcuni restano un solo istante fuggitivo. Invece, gli individui che volutamente lo ricercano o meglio coloro che conoscono alcune pratiche *yoga*, questi possono restare nella chiara luce una o addirittura due settimane. Ling Rinpoché[6] è rimasto tredici giorni nella chiara luce. A Dharamsala[7] ho conosciuto persone che vi sono rimaste da una settimana a dieci giorni. Mi hanno parlato di una persona che a Lhasa, in Tibet, vi è rimasta un mese intero.

Comunque si dice che fin quando dura la chiara luce né il vecchio corpo né il legame che tiene insieme il sostegno e il sostenuto[8] cessano. Siccome il legame che unisce il corpo e la mente non è rotto, il corpo non diventa putrido. Non appena la chiara luce scompare, il legame si spezza. La chiara luce si stacca allora dal cadavere e non appena se ne è staccata, questi comincia a decomporsi.

La morte ha necessariamente delle cause e suscita percezioni molto particolari. Le cause della morte sono molteplici ma possono essere ricondotte a tre gruppi: la morte che sopraggiunge con la realizzazione del *karma*, la morte che sopraggiunge per l'esaurimento dei meriti e la morte che sopraggiunge perché non sono stati evitati i pericoli.

La morte che sopraggiunge quando non si è avuto cura di eliminare le condizioni nefaste momentanee ha dunque come causa il fatto di aver ceduto al pericolo. La morte «per esaurimento dei meriti» non tiene conto della possibile longevità e sopraggiunge perché tutte le condizioni favorevoli al proseguimento della vita non sono pienamente presenti. Quanto alla morte «per realizzazione del *karma*», essa sopraggiunge quando il *karma* principale[9] finisce per essere interamente realizzato, anche se le condizioni esterne necessarie al proseguimento della vita sono tutte presenti. L'esaurimento dei meriti e gli incidenti scaturiscono dal *karma*. Tuttavia, la morte per realizzazione del *karma* principale è uguale alla morte determinata dal puro e semplice esaurimento del *karma*? Sono due punti di vista diversi.

Le esperienze psichiche particolari della morte sono molteplici. Il *Tesoro della Scolastica* analizza l'aspetto grossolano della coscienza e spiega che al momento della morte è possibile trovarsi in uno stato mentale positivo, negativo o neutro. Il *Compendio della Scolastica*[10] descrive di più rispetto al *Tesoro* gli stati di coscienza più sottili, ma meno i Tantra, dove gli stati di coscienza sono ancora più sottili. Parleremo dunque di «coscienza sottile al momento della morte» in relazione agli stati più grossolani.

Questa coscienza sottile al momento della morte è rigorosamente neutra, ma nei *Tantra dello Yoga insuperabile* è spiegato come certe pratiche abbiano il potere di renderla positiva. In ogni caso quando le dissoluzioni si sono successivamente compiute fino alla morte accertata, nasce improvviso un «io», un io legato all'esistenza reale dell'individuo e il sentimento di non esistere più. Ed è questo sentimento che libera il *bar do*.

Così, una volta che la chiara luce della mente si è spenta, vi è il *bar do*. Nel *bar do* abbiamo un corpo sottile rispetto a quello materiale fatto di carne e sangue. Per gli esseri, la cui forma è sottile, le distanze non contano. Per il solo fatto di avere un corpo sottile, appena si vuole qualcosa questo si realizza. Nel *bar do* ogni sette giorni si compie un ciclo.

Il sistema dei *bar do* è tipico dei Tantra. Certamente anche i Sūtra li approvano, ma non li affrontano dettagliatamente come i Tantra. Il corpo speciale che si ha nel *bar do* assomiglia al corpo del sogno. Non parlo della percezione del corpo nei sogni normali, ma nello *yoga* del sogno e così via.

Alcune persone possono fare sogni speciali quando si risvegliano gli schemi *karmici* che si prestano. Altre possono perfino staccare il loro corpo onirico dal corpo materiale.

Generalmente si dice che il corpo onirico speciale è prodotto dal «soffio» o da una particolare aspirazione di colui che medita. A livello dei Sūtra non ci sono pratiche centrate in modo particolare sul sonno e il sogno, ma nei *Tantra dello Yoga insuperabile* sono spiegate le pratiche o tecniche meditative del sonno, della chiara luce e del sogno.[11]

Ci sono quattro tipi di nascita: in una matrice, partendo dal calore e dall'umidità, da un uovo e per miracolo. Affronteremo qui il *bar do* in funzione della nascita in una matrice. Il *bar do* ha fine nel preciso momento del concepimento. I testi precisano che il concepimento ha luogo quando lo sperma del padre e l'ovulo della madre si uniscono durante l'accoppiamento.

Ai giorni nostri si parla di «bambini in provetta».[12] Il concepimento può quindi avvenire per tante vie. Si assiste all'emergenza di un nuovo paradigma. Mi è stato spiegato che è possibile fare dei piccoli[13] senza padre, partendo dalla sola cellula della madre, dunque senza il concorso del seme paterno. Secondo questa teoria[14] si potranno fabbricare anche gli esseri umani. Io non ci vedo nulla di male. Sono ormai diverse centinaia di migliaia di anni che la nascita dipende dall'incontro del seme paterno e dell'ovulo materno. Possiamo addirittura risalire al momento dell'apparizione del primo essere vivente: allora la distinzione tra padre e madre non c'era affatto. Soltanto a poco a poco il modo di concepire si è modificato.

Il *Sūtra insegnato a Nanda sull'ingresso nella matrice*[15] spiega che non appena viene concepito in una matrice l'essere umano si forma di settimana in settimana fino ad avere un corpo vitale. Inizia così l'elemento della produzione interdipendente chiamato «nascita». Viene anche spiegato come fin dal primo giorno della nascita si sviluppi la sofferenza. Da questo momento l'aspetto «vecchiaia» dell'elemento «vecchiaia e morte» non può limitarsi alla vecchiaia propriamente detta. Essa designa piuttosto il fatto che nel preciso istante in cui siamo stati concepiti in una matrice, abbiamo avviato il processo di invecchiamento.

Gli ultimi due elementi della serie «nascita» e «vecchiaia e morte» devono essere capiti come l'insieme delle sofferenze di una vita umana, a cominciare dalle sofferenze della vecchiaia, della morte e della malattia. La nostra vita inizia dunque con l'aspetto «morte» dell'elemento «vecchiaia e morte». Tra i due elementi si snoda un ricco ventaglio di sofferenze a cominciare dalla malattia, l'invecchiamento, la vana ricerca di ciò che si desidera e il doloroso confronto con ciò che non si desidera affatto.

La sofferenza propriamente detta, che si chiama «sofferenza della sofferenza», designa la sofferenza della nascita, della vecchiaia, della malattia e della morte. Ma allora che cosa intendiamo per «sofferenza del cambiamento»? Non tanto la sensazione di dolore, quanto la stessa sensazione di piacere.

Difatti accade spesso che una sensazione di dolore decrescente venga progressivamente sostituita da una sensazione di benessere e che ogni sensazione di piacere finisca in qualche modo per degradarsi. Comunque tutte le perfezioni di questo mondo, qualunque esse siano, finiranno per decadere. Così, tutto quanto è stato innalzato finirà per cadere; ciò che è stato accumulato finirà per esaurirsi; coloro che si sono uniti saranno dispersi; tutto ciò che è nato morirà.

E si soffre anche quando si possiedono le cose migliori del mondo. Possiamo essere celebri e ricchi, per esempio, fino a esserne stanchi e nauseati, il che rappresenta una fonte di tormento. Quando non si possiede nessuna di queste «perfezioni», certo si soffre perché se ne è sprovvisti. E quando si possiedono, che smarrimento all'idea che si deteriorino! Tutto ciò non è che sofferenza.

Ricercando la felicità, è soltanto in vista della soddisfazione che facciamo di tutto per essere felici. Realizziamo i nostri desideri per raggiungere la contentezza. Ma se, come si dice, «non ne abbiamo mai abbastanza», potremmo possedere tutte le meraviglie del mondo che mai, proprio mai, esse ci daranno completa soddisfazione. Ebbene l'insoddisfazione è sofferenza.

Il terzo tipo di sofferenza è la sofferenza «che impregna il mondo condizionato». Quando si parla di sofferenza «della composizione», si intende dire che fino a quando la nascita è sottomessa al *karma* e alle emozioni negative, niente e nessuno non comincerà la propria vita nella sofferenza per finirla ancora nella sofferenza.

In fondo, la vera felicità non esiste affatto.

Proprio per questo il Buddha insegnò le Quattro Nobili Verità e le loro sedici suddivisioni, a cominciare dalla verità della sofferenza, le cui quattro particolarità mostrano la non permanenza, il carattere doloroso, la non essenzialità e la vacuità di ogni cosa.

La non permanenza di cui parlò allora il Buddha non è la non permanenza corrente, ma la non permanenza sottile, quella distruzione che ha luogo attimo dopo attimo. Ogni istante si annulla nell'istante successivo. Vi si spegne. Non intendo dire che l'istante non esiste più nel successivo: esiste distruggendosi mentre dura. Ma chi l'ha prodotto e lo fa durare? L'istante non si distrugge quando dura, né quando è finito, sotto l'azione dell'istante seguente. La causa stessa della produzione dell'istante è la causa stessa della sua distruzione. Nel momento stesso in cui esiste, la sua causa lo produce come un'entità autodistruttrice incapace di sussistere. L'istante dipende quindi da una causa diversa da sé.

Tra i dodici elementi della produzione interdipendente ce ne sono undici che hanno origine esclusivamente dall'ignoranza. Dipendono quindi dall'ignoranza. Quando si parla di «ignoranza primordiale», quando si spiega che l'ignoranza viene per prima e la composizione per seconda, si fa di ogni elemento la condizione necessaria all'elemento seguente. Gli elementi anteriori producono i seguenti e questi ultimi dipendono da tutti quelli che li precedono.

In fin dei conti, il cerchio delle nostre esistenze, il «*saṃsāra*», dipende interamente dall'ignoranza. L'ignoranza è un'emozione negativa. La parola «ignoranza» designa ogni coscienza che procura un'emozione negativa a un determinato individuo, un malessere o un dispiacere.

Secondo il *Cammino verso il Risveglio*, il vero nemico sono le «emozioni negative». Se il nemico di tipo ordinario può diventare un amico, il nemico interiore non potrà mai diventare amico. Ed è per questo motivo che trovo che la vita non abbia nulla di piacevole, essendo completamente sottomessa al nemico «emozioni negative», il quale non fa che nuocere.

Tra le Quattro Nobili Verità insegnate dal Buddha, la verità della sofferenza è l'effetto della verità dell'origine della sofferenza, che ne è la causa. Vi ho spiegato che la causa iniziale è l'ignoranza realistica, che questa ignoranza ha il potere di produrre le sofferenze della nascita, della vecchiaia, della malattia e della morte e che in essa risiede la verità della sofferenza. È questo, vero, l'ordine che ho seguito?

Poiché il Buddha insegnò che bisognava prendere coscienza della malattia e sopprimerne la causa, quando mediteremo inizieremo pensando alla sofferenza. Quando si pensa alla sofferenza, si desidera che scompaia. E quando si vuole che la sofferenza scompaia, si desidera anche eliminarne la causa. Ecco perché il Buddha insegnò prima di tutto la sofferenza. Soltanto in seguito insegnò l'origine della sofferenza.

Pensando in tal modo alla sofferenza, ci sentiamo infelici all'idea di dipendere dalle emozioni negative, ma è soltanto in quel momento che cominciamo letteralmente a «rinunciare», a «volerne venire fuori». La maggior parte di noi sa, forse per esperienza, che è possibile indebolire questi stati contraddistinti da attaccamento e odio. Ma è possibile distruggere le emozioni negative alla radice? Esiste uno stato in cui si è completamente liberi dalle emozioni negative? Bisogna riflettere bene. Ciò ci porta alla «verità della cessazione».

La *verità della cessazione* designa l'arresto o la cessazione tramite un antidoto. Si chiama dunque «cessazione» ciò che, con l'aiuto di un antidoto, rende la sofferenza e le emozioni negative incapaci di prodursi in colui che non aveva ancora prodotto tale antidoto.

Di che cosa la cessazione è cessazione? Della sofferenza e della causa di questa. In che modo? Con l'aiuto di un antidoto. Qualsiasi tipo di causa scateni sofferenza, questa o quella condizione sarà un antidoto che impedirà a essa di riprodursi e la trasformerà in qualcosa di inadatto a riprodursi. Si chiama quindi «cessazione» la produzione dell'antidoto.

Come abbiamo visto, sotto un certo punto di vista, la natura della mente è chiara luce e quando diciamo che la chiara luce originaria innata è «neutra», vogliamo dire che la natura conoscitiva e chiara della mente resta per sempre immacolata. Ci sono momenti in cui la mente di chiara luce è accompagnata da impurità. Poiché in alcune condizioni l'impurità è possibile, diciamo semplicemente che l'impurità non è stata eliminata. Fin quando la chiara luce è manifesta, le emozioni negative non potranno manifestarsi. La coscienza distorta è, dunque, *congiunta* alla chiara luce essenziale della mente, la stupidità realistica in cui si radicano le emozioni negative: una coscienza distorta non può appoggiarsi su nessun criterio di vera conoscenza.

Quando, nella *Continuità senza superiore*, Asaṅga scrive che le «impurità sono momentanee», non vuole sostenere che esse nascono dal nulla. Esse sono «momentanee» perché, nonostante esistano da tempi immemorabili, è sempre possibile liberarsene. È propria della natura della mente di chiara luce la capacità di conoscere gli oggetti, le realizzazioni e le altre qualità da mettere in atto. La mente di chiara luce è naturalmente provvista di tutte le qualità, come spiega Asaṅga. Il suo potere di produrre le qualità non risulta da certe condizioni, ma le pertiene. Dal momento in cui esiste un potente antidoto che possa contrastare queste condizioni, momentanee poiché è sempre possibile disfarsene, e dal momento in cui le impurità sono momentanee e le qualità inerenti alla natura della mente, il Risveglio, la verità della cessazione e ciò che ne consegue saranno possibili.

Dopo avervi dato queste spiegazioni, ritenete la verità della cessazione possibile? Quando si raggiunge la verità della cessazione si è costantemente felici. Non parlo di una sensazione piacevole, ma di una situazione di felicità costante.

Dove opera allora la verità della cessazione? Nella mente. Sulla natura di questa verità, le scuole di pensiero buddhistiche hanno stilato molte tesi e i Prāsaṅgika spiegano che la verità della cessazione non è altro che la verità assoluta. Anche gli eruditi tibetani hanno formulato tesi contraddittorie su questo argomento. Se ci atteniamo al pensiero che emerge dagli scritti di Nāgārjuna, la verità della cessazione non è solo la verità assoluta, è anche ciò che di più felice esiste quando viene messa in relazione con la natura della mente.

Ecco perché nel suo *Trattato fondamentale,*[16] Nāgārjuna dice che la «liberazione» nasce dall'esaurimento del *karma* e delle emozioni negative. Con ciò intende dire che la «liberazione» designa l'esaurimento del *karma* e delle emozioni negative per mezzo di antidoti.

Allora com'è possibile eliminare effettivamente il *karma* e le emozioni negative?

Il *karma* deriva dalle emozioni negative e le emozioni negative sono l'effetto dei pensieri di un'attività mentale sbagliata. I pensieri di un'attività mentale sbagliata, dice Nāgārjuna, sono il risultato delle costruzioni concettuali della credenza realistica:

> «La liberazione nasce dall'esaurimento del *karma* e delle emozioni negative;
> Il *karma* e le emozioni negative sono il risultato dei pensieri discorsivi.
> Questi sono un'emanazione delle costruzioni di concetto...».[17]

Il *karma* e le emozioni negative sono quindi il risultato di un'attività mentale sbagliata.

I «pensieri discorsivi... sono un'emanazione delle costruzioni di concetto»: questi pensieri discorsivi, provocati da un'attività mentale sbagliata, sono un'emanazione delle costruzioni concettuali dettati dalla credenza realistica:

> «... ma le costruzioni di concetto
> cessano grazie alla vacuità».[18]

In altre parole, queste costruzioni realistiche cessano con la conoscenza diretta della vacuità.

Quest'ultimo *pāda* (piede) presenta nell'originale sanscrito una forma[19] che può essere interpretata in due modi: «*grazie* alla vacuità» e «*nella* vacuità». Sotto l'azione della conoscenza diretta della vacuità, che è l'antidoto alle costruzioni del realismo, queste ultime cesseranno *grazie* alla vacuità. Dove si produce e in che cosa consiste l'azione della conoscenza diretta della vacuità che purificherà le impurità? Esse si purificheranno *nella* dimensione assoluta della vacuità. E quindi «... cessano nella vacuità».

Quando la chiara luce naturale della mente s'accompagna ai pensieri discorsivi sostanzialisti, a questi pensieri realistici momentanei che percepiscono la vacuità in modo distorto, la chiara luce originaria forma il terreno in cui circola il *saṃsāra*. Allorquando la mente, che ha riconosciuto il suo modo reale, la «vacuità», si è effettivamente abituata a tale verità, il realismo,[20] la cui percezione del modo reale della mente è distorta, sarà purificato nella dimensione assoluta della stessa mente.

Di conseguenza, ciò che conduce dalla libertà conquistata tramite antidoti appropriati alle diverse emozioni negative, fino alla libertà del corpo essenziale della buddhità, e parimenti ciò che va dal cammino privo di ostacoli della via della visione, antidoto diretto alle emozioni negative, fino al corpo assoluto di saggezza della buddhità, tutto ciò costituisce la nobile verità della via.[21]

Le libertà, che vanno dalla libertà di avere eliminato certe emozioni negative fino al corpo essenziale della buddhità, il quale – esso stesso – rappresenta la libertà di avere eliminato completamente tutte le emozioni negative, tutte queste libertà costituiscono la verità della cessazione. Ed è la verità della via che conduce direttamente a ciò. Concepite in questo modo, le verità della via e della cessazione rappresentano il vero Gioiello del Dharma.

Si chiama «Comunità degli apprendisti» quel gruppo di uomini e donne che portano in sé le qualità della cessazione, ma che ancora devono fare esercizio.

La «Comunità di coloro che non sono più apprendisti», chiamati anche buddha, designa quegli uomini e quelle donne che hanno raggiunto le qualità ultime, che non devono più seguire alcuna via, che hanno eliminato tutto ciò che è necessario eliminare e che possiedono tutte le qualità.

Ecco che cosa s'intende per i «Tre Gioielli».

Come prendere rifugio nel Buddha, nel Dharma e nella Comunità? Possiamo farlo conoscendo tutti i dettagli del triplice rifugio, ma non è indispensabile avere questo tipo di erudizione. Il Buddha, il Dharma e la Comunità non sono meno sublimi e coloro che vogliono prendere rifugio in essi possono farlo in tanti modi.

27 aprile 1997, pomeriggio

DOMANDE-RISPOSTE

Alcuni sostengono che non sia necessario credere nella reincarnazione per essere buddhisti. Lei, Santità, che cosa ne pensa?

Qual è la differenza tra un buddhista e un non buddhista? Che uno ha preso rifugio[1] e l'altro no. Come abbiamo visto ci sono molti modi di prendere rifugio. Consideriamo il caso di una persona la cui fede nei Tre Gioielli è salda, io per esempio: qual è la mia esperienza in proposito? Ho creduto nel Buddha fin dalla più giovane età, ma così, come ho già spiegato, ho riflettuto sulla via nel suo insieme.

In base al grado di convinzione che questa riflessione mi ha permesso di raggiungere, la mia fede nel Buddha ha continuato a divenire sempre più profonda.

Fin quando non abbiamo una nozione chiara della vacuità a livello intellettuale, la «liberazione» resta soltanto una parola. È difficile allora farsi anche una minima idea corretta della liberazione; è molto difficile immaginare che cosa sia il «Risveglio». Quindi è assolutamente indispensabile che colui che è interessato al Risveglio abbia una buona comprensione intellettuale della vacuità.

Così se ci basiamo sulla visione prāsaṅgika, emerge che nessuna delle scuole di pensiero buddhistiche inferiori, compresi i Mādhyamika-Svātantrika, ha realmente capito la visione della vacuità. I Vaibhāṣika, per esempio, considerano la visione mādhyamika nichilista: non solo la rigettano, ma non vi trovano assolutamente nulla di positivo.

Tuttavia il motivo principale per cui i buddhisti vedono nel Buddha un pensatore senza pari risiede nella sua filosofia del vuoto, in quanto produzione interdipendente.[2] Non si è buddhisti se si crede nel Buddha ignorando però il vuoto e le interdipendenze. Io non posso decidere nulla ma penso, per quanto mi è possibile, che, se non si ammette la successione delle vite, sia difficile raggiungere l'onniscienza e perfino farsi un'idea di ciò che significhi «onniscienza». Alcuni, tuttavia, che non credono alle vite successive, prendono rifugio nel Buddha. Per loro il Buddha era un grande maestro della non violenza e un grande, grandissimo maestro di compassione. Ecco, costui non è lontano dal pensiero buddhistico, ma non è abbastanza vicino da essere considerato buddhista. Direi perfino che non potersi affidare all'idea della molteplicità delle vite equivale, per esempio, al non potersi affidare all'idea che tutto è vuoto e interdipendente.[3]

Possiamo liberarci dell'attaccamento solo attraverso la meditazione analitica? Non è questo motivo di frustrazione?

Per acquisire certezza bisogna innanzitutto analizzare i motivi. Ecco, quindi, la necessità della meditazione analitica. Ma, una volta terminata la meditazione analitica, quando nella mente si sarà prodotto un cambiamento, qualunque sia l'oggetto analizzato, quando lo spirito analitico avrà acquisito una certa forza, bisognerà attenersi alla certezza acquisita e rilassarsi completamente per procedere a una meditazione contemplativa.

Candrakīrti dichiara che nulla ha un'esistenza reale poiché nulla nasce da sé, né d'altra causa, né contemporaneamente da se stessi e da un'altra causa, né da nessuna causa. Se è proprio così, nemmeno le cause esistono realmente. Allora come funziona il concatenarsi delle cause e degli effetti?

Quando si dice che qualche cosa non esiste a livello di verità assoluta, per «verità assoluta» si intendono due cose: una verità assoluta per la ragione, che analizza lo stato ultimo di questo o quell'oggetto e una verità assoluta in rapporto a ciò che bisogna confutare, ovvero l'esistenza reale di questo o quell'oggetto. Nella verità assoluta della ragione analitica, se i fenomeni relativi esistono, la loro esistenza è assoluta.

Per riprendere questi due assoluti, i fenomeni relativi non esistono realmente a livello del primo e la loro esistenza non ha nulla di assoluto a livello del secondo. Tuttavia, la verità assoluta, la vacuità, non è qualcosa che esiste realmente: di quell'esistenza reale che si confuta e la cui assenza è un aspetto della verità assoluta. Premesso che la vacuità non ha un'esistenza reale, essa non esiste neanche a livello del secondo tipo di verità assoluta. In compenso, considerandola come ciò che la ragione scopre, in quanto essa analizza lo stato ultimo di questo o quell'oggetto, la vacuità esiste realmente a livello della prima verità assoluta.[4]

Quando si dice che qualcosa «non esiste per natura» o «per essenza», bisogna considerare due nature o essenze, una natura delle cose non analizzate e una natura delle cose che non si limita alla loro apparenza. Fino ad ora abbiamo solo parlato dell'essenza delle cose così come appaiono. I fiori, per esempio, o il sé, l'individuo: parliamo di individuo solo a livello di apparenza.[5] Ma anche del Buddha e del Dharma. Parliamo di produzione e di cessazione che continuamente appaiono. Tuttavia, se non vogliamo limitarci, dobbiamo chiederci se obiettivamente esista un io interdipendente. Ebbene no.

Esiste allora un buddha indipendente? Nemmeno. Una produzione indipendente? Nemmeno.

Per questo motivo Nāgārjuna spiegò nel suo *Trattato fondamentale* che, proprio perché non esistono per essenza, le cose non sono che «designazioni dipendenti».

Che cosa s'intende per «qualcosa che non esiste per essenza»? Nāgārjuna risponde: «Qualcosa che non trovate, quando lo cercate». Non vuole dire che ciò che non troviamo non esista *del tutto.* Esiste. Come? Come una designazione dipendente.

Quando Nāgārjuna dice che le cose non esistono per essenza perché sono designazioni dipendenti, vuol dire che ciò che esiste esiste sempre, ma come dipendente da un'altra cosa e dunque non esiste per essenza (o in sé). Non si tratta del nulla. Se cercando non si trova niente, gli studiosi parlerebbero di «nulla». È dunque molto importante rimarcare bene la differenza tra «esistere» e «esistere realmente» e tra «non esistere del tutto» e «non esistere realmente». Questi fiori, per esempio, esistono, ma non realmente. Ecco perché i sostanzialisti si levano contro i Mādhyamika tacciandoli di nichilismo. Lo stesso Asaṅga, nella sua *Raccolta delle basi oggettive*[6] e nelle *Dieci Terre*,[7] sostiene che il punto di vista mādhyamika è nichilista. Quando possiamo raffigurarci la vacuità come produzione interdipendente, allora non rischiamo più di cadere nel nichilismo, ce ne siamo liberati. Si diventa nichilisti quando invece si considera il vuoto come una macchina che svuota tutto. Quindi, proprio perché vuota, questa cosa esiste ed è vuota proprio perché esiste.[8] Non sta forse scritto nella *Quintessenza della conoscenza trascendente*[9] che: «La forma[10] è vuota. La vacuità è forma»?

Agli albori dell'umanità, c'erano forse solo alcune centinaia di esseri umani sulla terra, essi si sono moltiplicati fino a raggiungere oggi i sei miliardi. Com'è conciliabile con la reincarnazione? Come mai il numero di esseri animati può, a quanto pare, continuare a crescere, considerato che alcuni non si reincarnano avendo realizzato il nirvāṇa*? La popolazione dovrebbe addirittura diminuire. Da dove vengono allora tutti questi esseri?*

L'universo è sconfinato. Ci sono esseri che vengono da altri mondi e ce ne sono molti che lasciano il nostro universo per recarsi in un altro. Sembra che le galassie siano infinite. Ho mai sostenuto che l'entità individuale esiste realmente? Essendo gli esseri animati infiniti, è impossibile censirli tutti: il loro numero quindi né aumenta né diminuisce. Ogni creatura nuova nasce da cause e condizioni momentanee, giusto? Non dobbiamo credere che non ci sia un inizio.

Che cosa fare per perdonare e dimenticare le esperienze passate, motivo di sofferenza?

Bisogna perdonare, ma non dimenticare. Per un buddhista è utile pensare che il *karma* individuale[11] sia esaurito. Quando ricordiamo le sofferenze passate, non possiamo che gioire nel momento in cui abbiamo esaurito un simile *karma*. Sembra che la pratica dello scambio[12] e il fatto di accettare tutte le sofferenze possibili[13] procurino una grande forza d'animo e molte gioie. Ma nel caso particolare di coloro che non si interessano al Dharma, visto che una disgrazia ha il potere di suscitarne altre, bisogna provare a vedere le cose sotto molteplici punti di vista.

Il karma *del padre e della madre possono influenzare il figlio? Possono essergli trasmessi? C'è un rapporto tra essi?*

Non si può influenzare il *karma*. Tuttavia quando si influenza un'altra persona, ciò indebolisce il suo vecchio *karma* e accresce il suo *karma* attuale. Non so se il *karma* ne è esso stesso influenzato.

In un mondo sommerso da armi, omicidi e ingiustizie, qual è la strada per allontanare le emozioni negative e tramutare la collera in luminosità mentale?

La persona che ha posto questa domanda ha mai avuto occasione di leggere il capitolo dedicato alla «Guardia della vigilanza» nel *Cammino verso il Risveglio*? Śāntideva, in sostanza,[14] spiega in questo capitolo che, essendo la terra coperta da spine che procurano ferite ai piedi, non vi sarà mai abbastanza cuoio per rivestirla come si dovrebbe, e che è meglio, tutto sommato, incollare ai propri piedi due suole di cuoio per avere l'impressione che tutta la terra ne sia ricoperta.

Allora,

«Di esseri irritanti, il cielo è pieno,
E vincerne la resistenza non si potrà mai.
L'uomo che ha ragione della propria collera
Ha necessariamente ragione di tutti i suoi nemici».[15]

Ora andiamo a meditare per tre, quattro minuti.

28 aprile 1997, mattina

CONFERENZA

I quattro corpi del Buddha. I due modi di prendere rifugio nei Tre Gioielli.

La verità della via. L'addestramento alla conoscenza, alla disciplina e al raccoglimento profondo. La conoscenza tramite l'«ascolto», la conoscenza tramite la riflessione e la conoscenza tramite la meditazione. Prasaṅga *e ragionamento.*

Il maestro spirituale.

L'addestramento alla disciplina.

Finora vi ho parlato dei tre rifugi partendo dalle Quattro Nobili Verità e dalle due verità fondamentali. Tutte le religioni offrono un «rifugio», ma i tre rifugi del Buddhismo si presentano così: non appena la verità della via produce nell'individuo il Gioiello del Dharma, questi diventa membro della sublime Comunità. Successivamente, poiché il suo continuo psichico non smette mai di perfezionarsi, egli diventa membro della Comunità dei Buddha sublimi, dove non ci sono più apprendisti. Il Dharma e la Comunità vengono quindi prima. È soltanto dopo aver raggiunto i livelli del Dharma e della Comunità che si realizza quello di Buddha.

Studiamo ora il processo dell'insegnamento. Prima di tutto, è apparso un Buddha, che pronunciò gli insegnamenti da trasmettere. Pronunciandoli, produsse il Gioiello del Dharma, che è possibile ricondurre alle verità della cessazione e della via nel continuo psichico dei discepoli.

Questi ultimi costituirono allora il Gioiello della Comunità. Il Buddha non è stato, dunque, il Buddha fin dall'inizio. Ha dovuto prima percorrere la fase preliminare che tutti gli apprendisti percorrono, poi divenne il Buddha.

Chi è Śākyamuni, il Buddha storico, di cui parlavamo ieri?

Secondo un trattato del Grande Veicolo, *La Continuità senza superiore*, il corpo assoluto del Buddha è nello stato della «quiddità» e non se ne allontana. È quella dimensione immacolata che non si allontana mai dal reale e dove tutte le costruzioni concettuali si placano completamente. A ciò è stato dato il nome di «corpo assoluto per il proprio bene».

Qual è la causa necessaria alla realizzazione del corpo assoluto per il proprio bene? Realizziamo il corpo assoluto quando ci dedichiamo al bene degli altri. Da quel momento, visto che questa realizzazione è resa necessaria per compiere il bene degli altri, le configurazioni del corpo formale adattato alla conversione di ciascuno emergono spontaneamente e senza sforzo dalla dimensione del corpo assoluto. Si tratta allora del «corpo formale per il bene degli altri».

Questo corpo formale per il bene degli altri è doppio. Da una parte c'è il «corpo di godimento» che esiste sempre, provvisto delle cinque certezze:[1] in genere solo i sublimi bodhisattva possono percepirlo; gli esseri ordinari normalmente non possono. Ciò si chiama «corpo in cui tutti i godimenti sono perfetti». Dall'altra parte, invece, c'è il «corpo d'apparizione», così chiamato perché «appare» o si manifesta agli esseri comuni, il cui *karma* è sufficientemente puro, nei punti che non sono stati purificati dal corpo di godimento.

Per questo motivo, il migliaio di buddha che onorano con la loro presenza questa Era Buona[2] sono unicamente «corpi supremi di apparizione». Il Vincitore Śākyamuni è il quarto di queste guide. Il protettore Maitreya, il futuro Buddha, sarà il quinto. Alcuni sostengono che Maitreya c'è già. Io non sono d'accordo. I testi vogliono semplicemente dire che, molto tempo dopo la scomparsa degli insegnamenti del Buddha, Leone dei Śākya, verrà il protettore Maitreya. Ma non dicono che è già apparso, bensì che si sta a poco a poco avvicinando.

Veniamo ora ai *quattro corpi.*

Che cosa sono?

Il *corpo assoluto* si divide in *corpo assoluto di saggezza* e *corpo essenziale.*

Il corpo assoluto di saggezza non è altro che la saggezza che conosce direttamente tutti i fenomeni che designano le «due verità». Com'è possibile ciò? Quando si possiedono le qualità dell'affrancamento, che sono il risultato dell'eliminazione del velo cognitivo che ostacola la percezione simultanea delle due verità, è possibile realizzare la saggezza onnisciente.

A sua volta il *corpo essenziale* è doppio: il corpo essenziale *subitaneamente puro* e il corpo essenziale *naturalmente puro.*

Il corpo essenziale subitaneamente puro designa l'affrancamento di colui che ha eliminato tutte le impurità; e questa possibile purezza, improvvisamente ritrovata, è effetto della sua stessa naturale purezza. Il corpo essenziale del Buddha ha dunque due aspetti. Ricondotti a un solo corpo, essi costituiscono il corpo essenziale. I quattro corpi sono dunque: il corpo essenziale, il corpo assoluto, il corpo di godimento e il corpo di apparizione. Nei Tantra Insuperabili, le differenze di definizione dei quattro corpi sono minime.

Tuttavia, i Vaibhāṣika sostengono che il Buddha dapprima ha realizzato il *nirvāṇa* senza residuo, poi il flusso della sua coscienza si è interrotto: il suo continuo è cessato, come la fiamma di una lampada che si spegne. Nel sistema dei quattro corpi è spiegato che le configurazioni del corpo di apparizione si manifestano partendo dal corpo di godimento e che il corpo di godimento emette le configurazioni del corpo di apparizione e le riassorbe.

I *Sūtra del Grande Veicolo* non sono stati pubblicamente insegnati dal Buddha. Sono insegnamenti destinati a pochi individui che hanno il *karma* purificato e, in particolar modo, gli insegnamenti propri del Veicolo Adamantino delle Formule Segrete che si rivolgono a un numero ancora più ristretto di individui.

Quando, dunque, il Buddha insegnò le configurazioni del corpo di godimento e del corpo di apparizione, non lo fece sotto le sue sembianze di «Buddha storico», ma lo fece successivamente sotto altre sembianze.

È impossibile dire, per esempio, se tutti i cicli mistici,

che emanano le visioni avute dai maestri della nostra generazione, sono degni di fede. Perché un simile ciclo sia autentico e affidabile, esso deve emanare una visione perfettamente chiara di questa o quella deità delle Tre Radici,[3] chiara come quando due persone si incontrano. È così che esseri come Śākyamuni o Nāgārjuna possono ancora oggi apparire a chi ha il *karma* puro. Non si tratta dell'effetto del discorso interiore, né di un frutto della loro immaginazione. È proprio come quando due persone si incontrano e una riceve dall'altra gli insegnamenti o pone le domande che possano risolvere i suoi dubbi.

Takloung Shabdroung Rinpoché[4] mi ha raccontato una storia interessante a questo proposito. Un giorno, mentre Dilgo Khyentse Rinpoché[5] in Nepal riceveva da lui alcuni insegnamenti takloungpa, nel preciso istante in cui stava apprendendo alcuni dettagli di un ciclo, vide chiaramente sulle travi del soffitto i suoi maestri principali e i maestri del ciclo che stava apprendendo. Takloung Shabdroung Rinpoché è un vero buon vecchio *lama*. Ha trascorso molti anni nelle prigioni cinesi. Non ha né speranze né apprensioni e mai direbbe una bugia.

Quindi, l'esperienza che ciascuno, secondo le proprie capacità, fa o ha fatto deve avere la forza di un'esperienza stupefacente come questa. Se ammettiamo il sistema dei quattro corpi, possiamo spiegarci molte cose. Ma, se non lo ammettiamo, è impossibile.

In che modo i Tre Gioielli sono un «rifugio» e come è possibile «prendere rifugio» in essi? Si può prendere rifugio nel Buddha, nel Dharma e nella Comunità che abbiamo appena visto, riponendo in essi la propria speranza. Chi procede così diventa un membro della Comunità e nel suo continuo psichico dovrebbe prodursi il Gioiello del Dharma che consiste in cessazione e via.

Si può anche prendere rifugio giurando di far il possibile per risvegliarsi in modo chiaro e perfetto. Tra questi modi di prendere rifugio, il più importante è il secondo. Ma quando si è giurato di raggiungere la buddhità è possibile realizzare il livello dei Tre Gioielli e attualizzare da soli l'ultima buddhità? È possibile con il «potenziale» o con la «natura» di buddha.

Anche i Cittamātrin, per esempio, sostengono che in ultimo ci sono tre veicoli. Se, per esempio, ho realizzato il Risveglio degli Uditori, non posso andare oltre: un Buddha per sé non può illuminarsi più del Risveglio dei Buddha per sé. Alcuni buddhisti ritengono, dunque, vera questa suddivisione in tre veicoli, poiché alcune categorie di esseri possono raggiungere la buddhità, mentre altre no.[6]

Tuttavia, nella Via di Mezzo, anche se si ammette l'esistenza temporanea di determinate categorie, si riconosce che alla fine coloro che appartengono alle tre categorie[7] sono tutti esseri capaci di raggiungere la perfetta buddhità. Gli adepti della Via di Mezzo ammettono così che alla fine c'è soltanto un veicolo.[8]

In questo modo, come addestrarsi sulla via? Tra le

Quattro Nobili Verità, quella che si chiama la «verità della via» designa la strada principale, la «via sublime». Per generare qualità come quelle della via sublime, già da principianti bisogna cominciarne l'addestramento.

In poche parole, le qualità della sublime via sono doppie: prima di tutto quelle legate all'abbandono o all'affrancamento dalle emozioni negative e secondariamente quelle relative alla realizzazione.

Non possiamo certo eliminare di colpo ciò che è necessario eliminare, ma a partire da adesso possiamo cominciare a farne a meno. Non usufruiremo subito delle qualità di realizzazione della saggezza sublime, ma dovremmo essere capaci di coltivare le qualità che tendono verso questa realizzazione.

Ora, tutto ciò può essere ricondotto al triplice addestramento: disciplina, raccoglimento e conoscenza.

Nelle sue *Quattrocento Stanze,*[9] Āryadeva[10] scrive:

> «Anzitutto, arrestare il non meritorio;
> Poi, confutare il sé;
> Infine, allontanare tutte le opinioni:
> Chi padroneggia ciò, è un saggio».

In altre parole, bisogna in primo luogo astenersi dagli atti non meritori, quelli che ci proiettano in un destino infelice.[11] In secondo luogo smettere di credere nell'io. E, terza cosa, respingere la nefasta tendenza a nutrirsi di opinioni.

Nella sua *Lucerna della Via*,[12] Atīśa Dipaṅkara[13] parla di esseri piccoli, medi e grandi. Ci sono diversi modi di spiegare ciò che intende Āryadeva per «confutare il sé» e «allontanare tutte le opinioni», ma penso che si debbano considerare queste idee in funzione di questi tre tipi di esseri.

Per addestrarsi sulla via, bisogna innanzitutto acquisire ciò che si chiama la «conoscenza che nasce dall'ascolto».[14] Poi dobbiamo riflettere su quanto abbiamo appreso dagli altri, da noi stessi, ripetendo senza sosta l'esercizio che abbina l'analisi alla contemplazione, fino alla certezza di avere trovato quello che stavamo cercando. Questa è la seconda conoscenza, la conoscenza «nata dalla riflessione». Quando poi meditiamo e in piena concentrazione[15] giungiamo a un'esperienza autentica, proviamo ciò che si chiama la «conoscenza nata dalla meditazione».

Se cerchiamo una convinzione profonda, iniziamo a sbarazzarci dei pregiudizi nati dalla percezione distorta delle cose, così saremo costretti a dubitare. Allora, spingendo oltre la riflessione, giungiamo a una comprensione strettamente intellettuale: forse abbiamo trovato quello che cercavamo. Proseguendo su questa strada, ragionando senza sosta, arriveremo a una conclusione decisiva, a una profonda certezza, ossia a una conoscenza vera, quella che nasce dal ragionamento deduttivo. Infine, quando abbiamo acquisito una salda abitudine alla verità e abbiamo una visione chiara dell'oggetto della nostra meditazione, arriviamo a ciò che si chiama «adattamento effettivo».

Per eliminare i concetti erronei nati dalla fissazione su un estremo, è importante ricorrere al *prasaṅga*;[16] e, per una giusta deduzione, al ragionamento logico. Quando volgarmente diciamo che «questa cosa non esiste», ciò assomiglia al *prasaṅga*; e quando diciamo che «questo è quello», è un po' come se ragionassimo. Sul *prasaṅga* e il ragionamento hanno scritto molto i maestri Dinnāga[17] e Dharmakīrti.[18] Si tratta di argomenti essenziali. Il *prasaṅga* e il ragionamento non sono però destinati al dibattito con gli altri, ma alla discussione che ognuno deve condurre nel proprio pensiero tra concetto errato e pensiero corretto, un po' come il dibattito tra l'amore di se stessi e l'amore altrui nel *Cammino verso il Risveglio*, nel capitolo dedicato alla «concentrazione meditativa».

Quindi, quando pratichiamo da soli, dobbiamo discutere. Quando pratichiamo pensiamo e il pensiero errato dell'avversario avanza le proprie ragioni: spiegherà che è così, che è a questo che bisogna credere e dovremo contraddirlo. In questo senso l'«ascolto», che rappresenta il primo passo nella conoscenza degli insegnamenti, deve obbedire a una regola essenziale: evitare tutte le possibili deviazioni mentre seguiamo il maestro che ci istruisce.

Le «istruzioni esplicative» consistono principalmente nei diversi approcci destinati a eliminare i falsi concetti. Quando non vi prestiamo più attenzione ma ci concentriamo sulla pratica, le istruzioni seguono le esperienze di chi medita. Si parla allora di «istruzioni di pratica».

Può anche darsi che il maestro cominci con alcune istruzioni succinte, necessarie a una seduta di meditazione, e faccia meditare l'allievo. Ciò può durare uno o due anni. Quando, meditando, il discepolo raggiunge la realizzazione, il maestro gli dà le istruzioni della fase seguente. Fin quando l'allievo non ha esperienza, non riceverà altre istruzioni. Quando ha fatto esperienza, le istruzioni che riceverà saranno quelle chiamate «istruzioni su esperienza».

Non si possono dissipare le tenebre dell'ignoranza fin quando non si accende la fiamma dell'ascolto.

Più siamo immersi nell'ignoranza, non avendo eliminato i falsi concetti «ascoltando», e più la meditazione sarà a dir poco confusa. Se non abbiamo raggiunto la minima convinzione, ci chiederemo se quello ha ragione o meglio se ce l'ha quell'altro... Insomma rischiamo di imitare quelli che credono sempre a chi ha parlato per ultimo.

Quando studiamo però senza controllare la mente, nutriamo l'orgoglio del Dharma e critichiamo tutto: e così la medicina diventa veleno.

Quelli che sbandierano ai quattro venti che l'essenziale è la pratica e che non c'è bisogno di ascoltare gli insegnamenti, quelli che si ostinano a «praticare», dichiarando che lo studio non è necessario, non possono eliminare i loro falsi concetti e quando meditano non smettono di raccontare a se stessi che hanno trovato i Tre Gioielli. Pensandoci bene queste persone non sono sicure di nulla.

In questo senso l'erudito non è meglio del puro, né il

puro vale più dell'erudito. Erudizione e realizzazione interiore sono entrambe necessarie. Ma senza le qualità della bontà che deve coronare il tutto, si penserà inutilmente solo al proprio bene.

In genere ci si istruisce leggendo. Ma è essenziale che un individuo mostri, in termini di esperienza, quanto i libri insegnano. A questo fine il maestro spirituale è fondamentale. Il Buddha insegnò quelle che si chiamano le «quattro attrattive»: le insegnò principalmente per la realizzazione del bene altrui, mentre le sei virtù trascendenti sono destinate al bene di chi le pratica. Queste quattro attrattive sono la generosità materiale, un eloquio piacevole, la cortesia e la capacità di adattamento.[19]

Con «cortesia» e «capacità di adattamento» il maestro cercherà di attrarre il discepolo con un comportamento gradevole, mentre il discepolo praticherà gli insegnamenti che sono stati adattati al suo apprendimento. Ecco, questo è un punto importante.

Per ritornare ai quattro corpi del Buddha, per esempio, il compimento della buddhità si è manifestato sotto l'aspetto di un supremo corpo di apparizione. Per sei anni il Buddha si dedicò alle mortificazioni dell'ascesi per il nostro bene. D'altro canto, scherzando, dico che non è sbagliato se per praticare il Dharma non ci si affatica troppo e si lasciano le «mortificazioni» al Buddha. L'altro giorno, scherzando con un monaco cristiano, gli ho detto: «Gesù Cristo si è dato tanto da fare. Se crediamo che basti fare così in una chiesa [Sua Santità si fa il segno della croce], ci sbagliamo».

Il maestro è colui che «mostra», colui che dà l'esempio per primo. Così Gesù Cristo, Mohammed e tutti gli altri grandi maestri mostrano la via ai propri discepoli. Per questo i maestri spirituali sono importanti. È essenziale esaminare con profondità il maestro. Il Buddha non ha risparmiato i dettagli quando descrive le caratteristiche indispensabili del maestro spirituale, dal maestro che espone le regole della disciplina monastica fino al maestro del Diamante che impartisce le iniziazioni.

Se vogliamo allora seguire un maestro spirituale, è molto importante vedere dapprima se custodisce in sé tutte le caratteristiche di un vero maestro. Se un «predicatore» annuncia che insegnerà il Dharma, possiamo andare ad ascoltarlo, ma non bisogna considerarlo immediatamente il nostro maestro.

In una riunione, ad esempio, che si tratti di una conferenza o di un insegnamento, bisogna prima di tutto osservare attentamente. Osservare per anni per vedere se colui che parla agisce conformemente a ciò che dice. Ripeto continuamente ai giornalisti che bisogna avere il naso lungo. Si parla sempre di «vita privata». C'è dunque una vita che potrebbe essere «privata»? Non dovrebbe essere così. In verità, si deve essere chiari davanti e dietro: mostrare qualcosa davanti e agire in modo diverso dietro, questo non va proprio. Si tratta di menzogna. Allora, dicevo, bisogna osservare bene il maestro. Altrimenti si rischia di cadere in una specie di «culto della personalità». E i buddhisti non sono al riparo da questo pericolo.

Con conoscenza di causa, il Buddha insegnò le caratteristiche del maestro spirituale e raccomandò di esaminarlo attentamente per evitare ogni forma di culto. Ed è proprio in virtù dei suoi insegnamenti che nella *Regola del Santo Dharma* è possibile leggere che bisogna tenere lontano i maestri che «sostengono cose contrarie al Dharma». Così nei Sūtra del Grande Veicolo, il Buddha dice dell'amico nel bene[20] che egli agisce nel senso della virtù e non il contrario. Allo stesso modo nelle *Cinquanta Stanze sul maestro spirituale*,[21] che descrivono il modo di seguire un maestro dei Tantra Insuperabili:

«Ciò che non va contro la ragione,
Ecco che cosa bisogna praticare».

In altre parole, se dopo avere esaminato le ragioni delle varie dichiarazioni del maestro, si prova anche il più lieve disagio confrontandole con il sistema generale insegnato dal Buddha, non bisogna applicarle. Ma non dovremo limitarci a questo. I testi precisano che occorre allora cercare di capire, poiché non sarebbe corretto applicare questa o quella indicazione del maestro secondo la linea generale dei suoi insegnamenti.

Talvolta mi preoccupo per quegli allievi che sono sempre alla ricerca di qualcosa. Facilmente influenzabili, credono veri maestri quelli che si dice abbiano molti discepoli. Si precipitano allora ai loro piedi. Ed è quello che proprio non conviene fare. State attenti.

Quindi, prima di seguire un maestro, occorre leggere

molti libri e capirli bene. Poi non appena possibile, bisogna esaminare il maestro e, se dopo questo esame si pensa di avere di fronte un vero maestro, allora è bene assumerlo come proprio maestro spirituale.

Se all'inizio non abbiamo fatto questo tipo di esame, la pratica di ciò che si chiama «unione allo stato naturale del maestro»[22] sarà molto dura. Non dobbiamo quindi prendere un impegno alla cieca, senza un esame iniziale, soprattutto quando si tratta di scegliere il proprio maestro spirituale: non ci impegneremo a casaccio, ma solo dopo avere attentamente esaminato chi ci guiderà.

Quando si passa poi alla pratica, dapprima incorreremo nell'«addestramento alla disciplina». A questo punto tutti i buddhisti, sia quelli che hanno ricevuto voti particolari sia gli altri, in genere cominciano con il riconoscere i dieci atti non virtuosi.[23] Solo in un secondo momento adottano la disciplina per evitarli: s'impegnano dapprima nella pratica che consiste nel vietarsi i comportamenti nocivi del corpo, della parola e della mente; in ciò seguono la disciplina che consiste nel rinunciare ai dieci atti non virtuosi e che pone le basi per raggiungere la verità della cessazione.

Quando questa pratica di rinuncia ai dieci atti non virtuosi è stata bene interiorizzata, si passa alla riflessione sugli effetti degli atti.[24] E proprio riflettendo sulla causalità si noterà che, registrando una causa benefica, si avrà come effetto la felicità. Se invece si registra una causa nociva, si otterrà come effetto la sofferenza: questo è il rapporto tra causa e effetto che è necessario conoscere.

Per conoscere gli inconvenienti del non meritorio, dell'atto negativo, occorre conoscere i luoghi di nascita delle sorti nefaste.[25] È necessario sapere come si vive nei mondi inferiori. E quando pensiamo alle sofferenze dei destini nefasti, non bisogna pensare che saranno «nefasti» in un lontano futuro, ma, non conoscendo con certezza l'ora della morte,[26] se abbiamo registrato cause di rinascita nelle sorti nefaste, non è detto che siano sicuramente distanti, potrebbero essere già vicine.

È indispensabile allora riflettere sui «quattro soggetti che distolgono la mente dal *saṃsāra*». Sono infatti i primi fondamenti su cui si muoverà la mente andando verso il Dharma e su cui si costruirà tutto il resto. Altrimenti gli insegnamenti resteranno soltanto parole.

Scoraggiarsi di fronte alle difficoltà è un difetto gravissimo. Perdere coraggio è grave sia per un praticante sia per un essere comune. Per questo è importante contemplare le libertà e le ricchezze.[27] Non basta essere in potenza un buddha. Bisogna essere aiutati da un corpo «libero e ricco». Proprio perché potenzialmente si può divenire un buddha, è importante ottenere un corpo umano di tale fatta: è l'occasione per mettersi sotto. Mi sembra, così, di avere spiegato che cosa Āryadeva intende per «rinunciare al non meritorio».

Il Dharma che cosa permette di realizzare a chi lo pratica? La liberazione. Ma il suo compimento è ostacolato dalle emozioni negative. Che cosa s'intende per «liberazione»? La vittoria sulle emozioni negative. Il nemico, quello che continuamente ci tortura, è annidato dunque nelle emozioni negative. Per sapere se un insegnamento spirituale è buddhistico, bisogna vedere se attacca direttamente o indirettamente le emozioni negative; se lo fa è buddhistico. In caso contrario non lo è. Le conoscenze sovrannaturali e i poteri magici, se non servono ad attaccare le emozioni negative, non hanno niente a che fare con il buddhismo.

Ecco un modo per misurarsi costantemente con le emozioni negative. Poiché in un primo momento saremo loro sottomessi, si tratterà di evitare i comportamenti nocivi che le emozioni negative hanno il potere di provocare. Poi per eliminarle dovremo soltanto applicare loro l'antidoto diretto. Infine resteranno da distruggere gli schemi abituali che le emozioni negative hanno instaurato dentro di noi.

28 aprile 1997, mattina
DOMANDE-RISPOSTE

Com'è possibile aiutare un morente? Possono i pensieri positivi essergli d'aiuto? Ieri lei ha detto che per tre giorni si resta nella chiara luce. In questo caso che cosa pensa della donazione degli organi? E della cremazione che talvolta viene effettuata proprio subito dopo la morte?

La cosa più importante è che il moribondo spiri serenamente. Che abbia una fede religiosa o meno, l'essenziale è che vada via sereno. Se poi è un credente, bisognerà tenerne conto. In genere è impossibile ritornare alla vita dopo l'esperienza della chiara luce. Quando la chiara luce è cessata è impossibile ritornare in vita. Penso che allora sia giusto donare i propri organi per aiutare gli altri. Quando si effettua la cremazione, se si brucia il corpo del defunto, è meglio lasciare riposare il corpo del defunto per un po' fin quando non si manifestano i primi segni di decomposizione.

Che cosa ne pensa del suicidio?

È sempre meglio non suicidarsi. Facciamo l'esempio del «trapasso della coscienza».[1] Quando si è colpiti da una malattia mortale e non vi è più nessun modo di prolungare la vita, si è costretti ad andare avanti finché non se ne abbia più la forza e gli elementi fisici si dissolvano. Il trapasso precoce presenta l'inconveniente di uccidere le deità. Il momento giusto per praticare il trapasso è quando si è sicuri di stare per morire, quando non c'è più possibilità di vita, insomma quando non si teme più la morte e prima ancora che gli elementi fisici diventino troppo deboli. Questo è suicidio. La pratica del trapasso è quindi suicidio se c'è ancora speranza di vita. È meglio non praticarlo.

Ieri lei ha parlato a lungo di antidoto. Potrebbe fare qualche esempio?

L'antidoto all'odio è la meditazione sull'amore; quello del desiderio e dell'attaccamento è la meditazione sull'immondo; l'antidoto all'orgoglio consiste nello studio dei fenomeni, le cui categorie sono innumerevoli. Prendendo in esame tanti argomenti diversi come gli aggregati, gli elementi, gli organi sensoriali, ci accorgeremo che non sappiamo nulla e perderemo un po' della nostra superbia. Guardate me, per esempio, penso sempre di essere intelligente e ne sono un po' orgoglioso. Quando mi succede di pensarlo mi immagino davanti a un computer e mi rendo conto che non ne capisco niente e che quindi non sono poi così intelligente.

L'antidoto all'ignoranza è soprattutto la saggezza. Tutti gli altri antidoti agiscono indirettamente sulle emozioni negative e non possono che ridurne l'intensità, senza distruggerle completamente. L'antidoto assoluto che può distruggerle, il loro «antidoto diretto», quello che può eliminare ciò che occorre eliminare, è la conoscenza diretta della vacuità. Ma questa coscienza che conosce direttamente la vacuità non può agire pienamente appena la scopriamo. Bisogna intensificarla sempre di più. Quando poi nascerà la saggezza che realizza la vacuità, congiungendo la quiete alla visione superiore, allora essa agirà come antidoto diretto a tutto ciò che conviene eliminare.

Gli animali possono raggiungere il Risveglio?

Potranno raggiungerlo. Come abbiamo visto, tutti gli esseri animati possono divenire buddha. Ma gli animali non hanno questo potere, perché bisogna praticare affinché questo potenziale si attui. Ed è difficile praticare senza discernimento umano.

Ieri lei ha ricordato come l'ignoranza, l'attaccamento sottile derivi dal continuo della chiara luce della mente. Perché e come questo attaccamento sottile viene per primo?

È la natura delle cose. Non vuol dire che la saggezza naturale che esisteva prima sia stata progressivamente sopraffatta dall'ignoranza. Essa esiste da tempi immemorabili. In alcuni testi, per esempio, è scritto che il nostro puro Risveglio, Samantabhadra,[2] il protettore primordiale, esisteva prima della separazione del *saṃsāra* e del *nirvāṇa.* Si tratta dello stato di un individuo appena morto e la cui dimensione di chiara luce originaria innata non è velata da nessuna lordura accessoria. Non posso concepire che all'origine ci fosse Samantabhadra, il protettore primordiale, prima ancora quindi della separazione del *saṃsāra* e del *nirvāṇa*, e che solo in seguito il *saṃsāra* e il *nirvāṇa* si siano a poco a poco separati.

Lei ha parlato del continuo della chiara luce della coscienza senza inizio né fine, senza cause né condizioni esterne. Non si tratta forse di ciò che le altre religioni chiamano «Dio» o «sé»?

La chiara luce è in qualche modo un creatore, ma soltanto approssimativamente. Il buddhismo accetta l'autocreazione[3] o «la produzione che nasce da sé». Bisogna, però, considerare questo tipo di creazione in rapporto alla chiara luce. Tuttavia, la *mia* chiara luce ha creato unicamente le *mie* vite, in nessun caso la vita degli altri. La mia chiara luce non fa che partecipare alla formazione del mondo che ci è comune. Se i vostri aggregati esistono, non è certo perché la mia chiara luce li ha creati.

Riguardo all'*ātman*, il sé, esso designa un'entità unica e eterna. Formando un continuo ininterrotto, la chiara luce ha la permanenza della continuità e la non permanenza degli istanti che la costituiscono. Non dico che la chiara luce è l'individuo. La chiara luce originaria innata non è il sé. Non è il referente della designazione «sé», non è l'*ātman*. Per usare le parole che ha usato il *Guhyasamāja*, esiste una coscienza e un corpo sottilissimo. Come in base al corpo e alla coscienza grossolani, parliamo di individuo grossolano, così in base al corpo e alla coscienza sottilissimi parliamo di individuo sottilissimo.

Senza concetti, sarebbe esistita una verità relativa?

Per i Cittamātrin la forma e tutti i fenomeni esterni rappresentano soltanto l'aspetto apparente della mente. La loro essenza è quella della mente; non sono due cose diverse. Con questa affermazione, non si è lontani dal dire che, qualunque sia l'oggetto considerato, esso esiste fintanto che dura la coscienza che lo comprende. Quando questa coscienza si spegne, il fenomeno non esiste più.

Ciò vale per la coscienza che nel mio continuo coglie i fiori. Ma non significa che quando non ci sarò più questi fiori cesseranno di esistere. I fiori che vedo io sono gli stessi di quelli che vedete? Non è possibile dare una risposta che soddisfi. Hanno questi fiori la stessa natura della mia coscienza e della vostra? Difficile a dirsi. È un vero e proprio problema. Per i Cittamātrin, che sostengono che un oggetto è «certo» nel momento in cui è simultaneo alla coscienza che lo percepisce,[4] i fiori esistono quando esiste la coscienza dei fiori e non esistono più quando non esiste più questa coscienza. Ma mi risulta difficile spiegare il loro punto di vista.

Per rispondere alla domanda, si tratta soltanto di riassorbire le nostre costruzioni concettuali. Riprendiamo l'esempio di questa coscienza visiva che coglie le forme: quando in questo momento osservo i fiori, se penso alla non permanenza, per esempio, o alla mente di Risveglio che è amore e compassione, ho «ricondotto» la mia mente fuori dalla sua costruzione concettuale «fiori». Non intendo però dire che i fiori non esistono più. Se dovessero scomparire perché ci troviamo in uno stato di saggezza non discorsiva o nella prospettiva della dimensione assoluta, dove le costruzioni di concetto si placano completamente, per il fatto stesso che la mente dei buddha e dei bodhisattva è soltanto saggezza non discorsiva essi non avrebbero più assolutamente costruzioni concettuali. Così, quando parliamo di «acquietamento di tutti i pensieri discorsivi», descriviamo il funzionamento del pensiero individuale e non la scomparsa degli oggetti.

Come incrementare la nostra attenzione nella vita di tutti i giorni?

Dipende dall'abitudine all'attenzione. Gli adepti della meditazione vipaśana, in Thailandia, sono particolarmente bravi nel rafforzare l'attenzione. Quando fanno un passo, pensano: «Adesso alzo il piede destro». Il passo seguente: «Adesso alzo il piede sinistro». In ogni istante mantengono viva l'attenzione e così acquisiscono l'abitudine a fare sempre attenzione. Perfetto.

Altrimenti può essere utile scrivere: «Attenzione, attenzione!» un po' dappertutto in casa. Bisogna scriverlo perfino nel bagno e sulle mani. Così, appena leggiamo la parola «attenzione», facciamo qualche progresso. Gli adepti dello *yoga* del sogno conoscono questo genere di pratica. Su tutto quanto può cadere sotto il loro sguardo durante il giorno scrivono la parola «sogno», quando hanno bene assimilato il suo senso, diventa loro facile riconoscere che tutto è come un sogno.

Lei ha detto che ogni continuo di mente luminosa è individuale e che resta tale quando un individuo diventa buddha. Come conciliare questo dato con il fatto che i buddha hanno tutti la stessa natura, ossia che per essenza sono uno?

Noi abbiamo tutti la stessa natura: come essenza voi siete buddha e anch'io lo sono. Voi siete esseri umani e anch'io lo sono. Siamo quindi simili. Non è stato necessario che ci fondessimo l'uno con l'altro. L'«essenza» dei buddha è una perché designa la loro uguaglianza in termini di affrancamento e di realizzazione. Il «sapore uguale» verte sull'uguaglianza di almeno due entità: non si può parlare di uguaglianza a proposito di una sola cosa. Se siamo una cosa sola, non possiamo «avere lo stesso sapore».

Si dice che tutto «ha lo stesso sapore» nella dimensione del reale. Nello spazio della vacuità abbiamo tutti lo stesso sapore. E ciò vale anche per il *saṃsāra* e il *nirvāṇa*, per il bene e per il male. Le costruzioni di concetto hanno tutte lo stesso sapore nella loro dimensione assoluta; esse hanno tutte lo stesso sapore nello spazio libero da costruzioni. Ma questo non vuol dire che le costruzioni di concetto non siano le une diverse dalle altre.

Gli uomini e le donne possono entrambi diventare buddha?

Certo. Nel *Tesoro della Scolastica* si legge che per i Vaibhāṣika chi registra il *karma*, che maturerà in «gradi maggiori»,[5] comincia con l'accumulare i meriti durante i tre grandi *kalpa* smisurati e per finire deve ancora registrare per cento anni il *karma* particolare che maturerà in gradi maggiori e minori del Buddha: per questi ultimi *kalpa* il praticante avrà un corpo maschile. Così spiega le cose il *Tesoro*.

Anche nel sistema dei Sūtra bisogna avere un corpo maschile per raggiungere il Grande Risveglio.

Nei Tantra Insuperabili ci sono invece donne che diventano buddha con il supporto del corpo femminile. La reverenda Tārā,[6] per esempio, è diventata buddha. Quando generò la mente di Risveglio[7] per la prima volta, lo fece in quanto donna. Ci sono molti uomini che sono diventati buddha, ma poche sono le donne che lo sono diventate. Allora, dice Tārā, dal momento in cui ho generato la mente di Risveglio, fin quando lavorerò ad accumulare meriti e saggezza affinché mi svegli in modo chiaro e perfetto, ormai rinascerò soltanto come donna. Mi sveglierò alla buddhità in quanto donna, in un corpo di donna.

Tārā fu una delle femministe più agguerrite.

28 aprile 1997, pomeriggio

CONFERENZA

Confutare il sé.

La pratica della quiete comincia dalla disciplina. Attenzione, memoria, vigilanza e interesse. Docilità e resistenze.

Le concentrazioni. Oggetti di concentrazione della quiete. Posizione del corpo durante la meditazione. Dispersione e torpore.

Concentrazione sulla mente. Concentrazione sulla vacuità.

Confutazione meditativa e confutazione logica: per liberarsi della sorda distruzione che la fissazione su una sostanza opera.

Abbiamo quindi finito la prima fase: «Anzitutto, arrestare il non meritorio».

Viene ora «Poi, confutare il sé», ovvero meditare sulla non sostanzialità grossolana o «irrealtà del sé individuale», ciò che non ha la capacità di sradicare le emozioni negative ma che può affievolirle.

Mentre la terza e ultima fase è «Infine, allontanare tutte le opinioni».

Nella seconda fase che consiste nel «confutare il sé», familiarizzeremo con tutte le caratteristiche della non sostanzialità individuale. Tuttavia, solo conoscendo direttamente la non sostanzialità sottile dell'individuo si elimineranno veramente le emozioni negative. In ogni caso entrambe queste fasi porteranno alla liberazione.

Una volta, nella tradizione religiosa indiana, alcuni credevano alla successione delle vite, mentre altri non ci credevano. Tra coloro che ci credevano, alcuni credevano alla liberazione e altri no. E tra coloro che credevano alla liberazione, alcuni la vedevano come un campo puro, un paradiso. Nei testi sacri degli Asceti Nudi,[1] per esempio, si può leggere che la «liberazione» è effettivamente un luogo che ricorda un ombrello bianco al rovescio.

Per i buddhisti la liberazione riguarda le qualità mentali. Insomma, fin quando saremo in preda alle emozioni negative non conosceremo un attimo di felicità. La liberazione è dunque la liberazione dai legami emozionali.

Per respingere le emozioni negative si ha la quiete,[2] che contrasta le emozioni palesi o grossolane, talvolta non eliminabili in altro modo. Per sradicare le emozioni e i loro germi vi è la conoscenza: dei tre tipi di conoscenza, così come abbiamo visto a proposito dell'antidoto diretto alle emozioni negative, qui parliamo della conoscenza diretta della vacuità.

Esiste tutto un ventaglio di conoscenze: la conoscenza diretta della non permanenza, la conoscenza diretta del vuoto dell'esistenza individuale autonoma e sostanziale e molte altre ancora. Comunque l'antidoto diretto a tutte le emozioni negative è la conoscenza diretta della vacuità sottile, della non sostanzialità sottile, la vacuità, a cui abbiamo già accennato stamattina e i giorni passati.

Affinché il raccoglimento meditativo integri la quiete

e la visione superiore,[3] bisogna coltivare ciò che contribuisce alla quiete. L'aumento della capacità di attenzione[4] e di vigilanza permette di raggiungere la quiete mentale. Si potrà abusare della propria attenzione e vigilanza come si vorrà al fine di raggiungere uno stato di «pacata concentrazione».

L'esercizio dell'attenzione e della vigilanza inizia con l'addestramento alla disciplina che è triplice: la liberazione individuale, la mente di Risveglio e i Tantra. La liberazione individuale è rivolta ai devoti laici e ai religiosi. Nella disciplina dei devoti laici troviamo regole che bisogna seguire per tutta la vita e regole che vanno seguite per un certo numero di giorni o di volte.

Per mettere in pratica l'una o l'altra regola ci chiederemo se non trasgrediamo agendo in un modo piuttosto che in un altro. Concentriamoci allora sulla domanda e se ci rendiamo conto che stiamo per agire male, con le azioni o con le parole, ricordiamoci che non conviene lasciarsi andare. Quando ci ricordiamo che questa o quella cattiva azione non è permessa, ricorriamo ogni tanto al custode della vigilanza per chiederci se ci troviamo di fronte a tutti quegli elementi che costituiscono una cattiva azione. Ci ricorderemo allora che quell'azione è indegna e vi leggeremo un vero e proprio pericolo. La vigilanza, scoprendo il rischio, permette di evitarlo. In questo modo, con l'aiuto dell'attenzione, della vigilanza e dell'interesse cercheremo di rispettare la disciplina.

La disciplina della liberazione individuale[5] consiste essenzialmente nell'evitare le cattive azioni del corpo e della parola. Ha come scopo principale quello della realizzazione del Risveglio individuale. La disciplina dei bodhisattva pone l'accento sul controllo dei misfatti della mente: è semplicemente vietato accettare che il proprio interesse venga prima di quello degli altri. Riguardo ai voti tantrici, non posso riassumerli come ho fatto per i due precedenti. Sono veramente tanti.

Come giungere a un raccoglimento fatto di attenzione e di vigilanza? La quiete mentale in questo senso costituisce una pratica essenziale degli insegnamenti buddhistici. La pratica del raccoglimento esisteva già prima degli insegnamenti del Buddha. Come esisteva già una visione superiore mondana che presentava aspetti sottili e grossolani.

A quei tempi, però, la visione superiore, che consiste nel conoscere direttamente e correttamente la non sostanzialità di tutti i fenomeni, non c'era. È tuttavia legittimo dire che il buddhismo ha preso in prestito pratiche proprie della letteratura prebuddhistica indiana. Si potrebbe perfino dire che il Dharma ha preso qualche prestito dalle tradizioni mistiche. Anche i cristiani e altri ancora possono fare prestiti al Dharma.

Per sua natura la quiete è neutra. Attraverso la rinuncia, essa produce la liberazione; tramite la mente di Risveglio, produce onniscienza; collegata alla vista del sé, si è di fronte a una quiete non buddhistica. In generale la quiete è soprattutto meditazione contemplativa, mentre la visione superiore[6] è meditazione analitica. Bisogna dapprima realizzare la quiete, ci viene detto, e poi praticare la visione superiore. Tuttavia, i Tantra Insuperabili raccomandano la pratica della meditazione contemplativa in seno perfino alla visione superiore, che è conoscenza diretta della vacuità. I Tantra Insuperabili raccomandano quindi di meditare nell'unità della quiete e della visione superiore.

Per raggiungere la quiete, bisogna innanzitutto afferrare il senso della parola «quiete», in tibetano *shi-ne*, letteralmente «sereno stato». «Sereno» indica l'acquietarsi perfetto della distrazione o delle proiezioni mentali, suscitate da pensieri diversi dall'oggetto della concentrazione; ed è questo acquietarsi della mente che permette al praticante di restare in uno «stato» mentale uguale per tutta la concentrazione: solo allora si può parlare di quieta concentrazione.

Quando si prosegue la propria meditazione nella continuità di ciò che la parola quiete designa esattamente, ovvero un perfetto raccoglimento, a poco a poco il corpo e la mente avvertono il piacere della docilità:[7] si giunge alla concentrazione mentale solo a queste condizioni.

Ci sono tre mondi e nove livelli,[8] in cui i quattro *dhyāna* o «concentrazioni» occupano il secondo e il quinto livello.

La prima concentrazione è costituita dalla concentrazione propriamente detta e da due raccoglimenti preparatori. Così, quando si raggiunge il raccoglimento dovuto alla concentrazione, chiamato «preparazione dove nulla è impossibile»,[9] si raggiungono insomma le prime qualità del raccoglimento dei mondi superiori.[10] Questa è la quiete. Quindi, solo quando si raggiunge la concentrazione preparatoria del primo *dhyāna*, inizia la meditazione analitica.

Durante la meditazione analitica si presta dapprima attenzione a cogliere esattamente il carattere delle sfere di esistenza superiori e inferiori, poi si procede agli altri cinque esercizi dell'attenzione.[11] Si giunge allora alle «quattro sfere di percezione infinita» prodotte.[12] Queste cominciano con la prima concentrazione propriamente detta e progressivamente proseguono con la seconda, la terza e la quarta concentrazione, ovvero con le sfere di percezione dello spazio illimitato del mondo Senza Forma, della coscienza illimitata, del nulla e del né essere né non-essere, fino alla vetta dell'esistenza.[13] Il raccoglimento diventa così sempre più profondo e sempre più sottile.

Vediamo ora gli oggetti per la concentrazione della quiete. Per risolvere i dubbi in proposito, si dice che c'è un oggetto universale, alcuni oggetti che purificano gli atti (oggetti di erudizione)[14] e oggetti che purificano le emozioni negative.

L'oggetto di concentrazione generale e universale[15] vale sia per la quiete sia per la visione superiore; successivamente, per chi nelle vite precedenti o anche nella prima parte della sua vita attuale ha agito sotto l'influenza delle forti emozioni negative, esistono oggetti corrispondenti alle diverse individualità, che si chiamano «oggetti che purificano gli atti». Questi oggetti si adattano alla forza più o meno grande delle propensioni all'attaccamento e all'odio. Riguardo agli «oggetti che purificano le emozioni negative», diverse sono le concentrazioni che rispondono direttamente a questa o quella emozione dominante.

Per concentrarci possiamo in genere aiutarci con una raffigurazione del Buddha; per i cristiani potrà essere una raffigurazione di Gesù Cristo o della Vergine Maria. Possiamo perfino concentrarci sui fiori. Ma se utilizziamo i fiori per aiutarci, non dovremo concentrarci su un fiore vero. Dovremo concentrarci sull'immagine che il fiore produce nella nostra mente, su un «riflesso per il raccoglimento»; in altre parole, sull'oggetto mentale che rappresenta l'immagine del fiore. Questo è l'oggetto per concentrarsi al raccoglimento. All'inizio per abituarsi e per non lasciarsi distrarre dai sensi sarà meglio prendere come oggetto l'immagine mentale di un essere come il Buddha.

Quando si medita, la posizione del corpo è di fondamentale importanza.

Incrociamo le gambe nella posizione del loto o del mezzo loto.[16] Coloro che non sono abituati a sedersi così e che hanno male alle ginocchia non si facciano problemi. L'importante è stare seduti in modo corretto. Raddrizziamo bene la colonna vertebrale; le spalle devono cadere con naturalezza; incliniamo leggermente il capo: così se ci addormentiamo, russeremo meno forte e faremo meno rumore.

Una volta che abbiamo inclinato leggermente il capo,

poniamo le mani, quattro dita sotto l'ombelico, mettendo la destra sopra la sinistra, in modo che le estremità dei pollici si tocchino; i gomiti non sono incollati al corpo; le mascelle e le labbra sono in una posa naturale; la punta della lingua poggia invece contro il palato e gli occhi fissano la punta del naso.

Il Dzogchen[17] parla di «tre immobilità», di cui la prima indica lo sguardo che contempla lo spazio. Ma per il momento è la punta del naso che bisogna guardare. Chi ha il naso appuntito, lo fa facilmente. Chi, invece, ha il naso piatto e ne fissa la punta, ben presto ha male agli occhi. Ma voi avete il naso fatto in modo tale che potete seguire alla lettera il mio suggerimento. Lo trovate difficile? In genere si dice che quando si sta ben ritti, la punta del naso è perfettamente perpendicolare all'ombelico. In altre parole, se un sasso cade dalla punta del naso, finirà esattamente sull'ombelico. Quando si ha una grande pancia, allora è diverso. D'altronde anch'io ho la pancia.

Altro punto importante è il ritmo del respiro. Bisogna respirare con dolcezza, senza forzare o cambiare ritmo.

Si dice espellere «gli scheletri» del fiato a nove riprese,[18] ovvero cacciare in nove tempi il fiato rimasto. Volete che vi dica la verità? Nelle pratiche tantriche come le tecniche di Naropa,[19] bisogna eseguire i movimenti che purificano il corpo. Quindi non è necessario contare.

Chiuderemo poi la narice sinistra con l'indice destro. A seconda della pratica si inizierà con quella sinistra o quella destra. Non è il caso di parlarne ora. La narice deve essere chiusa con la parte piatta dell'unghia. Poi si inspira e si espira lentamente. Si fa poi altrettanto con la narice destra, che sarà chiusa con l'indice sinistro. Alla fine si inspira con tutte e due le narici.

Nei Tantra tutto ciò viene eseguito osservando schemi particolari come i tre canali e i cinque centri.[20] Ma non è il caso ora. Allora che cosa faremo?

Occorre fare in modo che i diversi pensieri «siano pari». La mente, una volta catturata, deve essere volta solo all'inspirazione e alla espirazione. Inspirando si pensa che si sta inspirando e espirando si pensa che si sta espirando, senza pensare ad altro. Quando non si pensa più al ritmo del respiro e si espelle nove volte consecutive il fiato rimasto, può darsi che diminuisca un po' di intensità l'eccitazione mentale.

Una volta assunta la posizione fisica descritta sopra, se proviamo a visualizzare l'oggetto della concentrazione esterno, lo troveremo all'altezza delle sopracciglia, in mezzo, a una distanza che non va oltre i due metri circa davanti a sé. È anche possibile visualizzarlo all'interno del corpo, in luoghi speciali.[21]

Qualunque sia l'oggetto della concentrazione, non bisogna visualizzarlo un giorno grande, un giorno piccolo. Deve avere sempre le stesse dimensioni. Iniziamo a raffigurarcelo mentalmente. L'immagine mentale si mantiene con l'aiuto dell'attenzione/memoria ed è mantenuta dalla vigilanza, che veglia affinché la mente non si distragga dal suo oggetto o si lasci catturare dalla confusione.

Quali sono le qualità necessarie alla mente durante il raccoglimento? Prima di tutto non deve allontanarsi dall'oggetto scelto, poi deve mantenersi sveglia, chiara e trasparente. La dispersione impedisce alla mente di concentrarsi sull'oggetto.

Ma se la mente non si allontana dall'oggetto, la sua non distrazione chiara, trasparente e precisa può cedere al torpore. Talvolta, quando non si ha il minimo pensiero, quando si è immersi nelle tenebre, capita di cadere nel torpore. Il torpore è provocato dall'ebetudine.

Così, sia il torpore sia la dispersione presentano livelli grossolani, sottili e molto sottili. È facile identificare il torpore e la dispersione grossolani; ed è altrettanto facile applicare loro l'antidoto appropriato, ma più sono sottili e più è difficile riconoscerli e applicare loro l'antidoto.

Quando la nostra mente è troppo vigile, il rischio è la dispersione. L'antidoto alla dispersione consiste nel fare «ridiscendere» i pensieri e provare a riportare la mente all'interno. In caso di depressione la mente è al livello più basso. Ma quando si è in balia della dispersione, occorre fare ridiscendere e ricondurre i pensieri all'interno. Se la mente è meno vigile, meno viva, rischia di sprofondare nel torpore. Tutto questo è possibile leggerlo nei testi, ma l'essenziale viene dall'esperienza.

Quando, per esempio, ci concentriamo troppo intensamente, tendiamo a «sprofondare» un po'. Per rinvigorire la mente, pensiamo a qualcosa di gioioso. In compenso, praticando l'analisi, la mente vola troppo alto. È necessario allora che ciascuno osservi quello che accade nella propria esperienza e provi a mantenere la mente alla giusta altezza.

Quando versiamo l'acqua su un mucchio di terra o di sabbia, l'acqua rischia di colare sia a sinistra sia a destra. Da qualsiasi lato scorra, bisognerà però trovare un mezzo per fermarla. Allo stesso modo, da qualsiasi parte stia il difetto, torpore o dispersione, bisognerà ricorrere agli antidoti e non solo mantenendo la mente sul suo oggetto, ma anche facendo in modo che sia chiara, viva e precisa. Per meditare bisogna quindi fare così.

All'inizio, tutto consiste nel condurre la mente all'oggetto della concentrazione. Poi, quando è possibile prolungare un po' il continuo «posato» della mente, si parla di dolce «riposo». Si proseguirà riconducendo a poco a poco la mente, la cui quiete si dissolve spesso alla velocità di un lampo. Posare la mente, posarla perché duri, riposarla, posarla perfettamente, dominarla, calmarla, calmarla perfettamente, concentrarla in un solo punto e lasciarla uniforme: queste sono le nove «stazioni» della mente.[22] A poco a poco si prolunga così l'aspetto «calma» sull'oggetto della concentrazione.

Quando il rischio di ebetudine e di dissipazione è diminuito, quando ce ne siamo liberati, lo sforzo diventa sempre meno necessario e alla fine non c'è del tutto. Allora all'inizio della seduta di meditazione si deciderà di dedicarsi a un raccoglimento senza errori: nel corso di questa seduta non ci lasceremo possedere né dal torpore né dalla dispersione. Una volta presa questa decisione si finirà per superare le nove stazioni[23] senza il minimo sforzo, come quando si recitano le preghiere abituali.

Quando poi si riesce a restare a lungo, perfettamente concentrati sull'oggetto di meditazione, al riparo dall'ebetudine o dalla dissipazione, soltanto a poco a poco si instaurerà la docilità del corpo e della mente. Una volta comparso il piacere della docilità del corpo e della mente, a poco a poco compariranno anche le due felicità da esso indotte.

In ogni caso si chiama «resistenza»[24] del corpo e della mente ciò che impedisce a questi ultimi di fare liberamente il bene quando vengono utilizzati a tale scopo; non tanto il fatto di non volerlo praticare. A livello intenzionale ciascuno vuole fare il bene, ma c'è qualcosa che dipende dalla sua disposizione fisica e psichica che gli impedisce di dedicarvisi agevolmente. Una volta, dunque, che ci siamo a poco a poco liberati da questa resistenza del corpo e della mente, possiamo dedicarci alla virtù.

Quando si giunge a questo tipo di raccoglimento meditativo la mente è estremamente chiara e stabile. Diminuisce la forza dell'attaccamento e dell'odio grossolani, come pure gli stati che dipendono da essi. Tra i tibetani che sono venuti in India non ve ne sono molti, ma sembra che qualcuno conosca questa esperienza particolare.

Per perseguire la quiete si può scegliere altrimenti, come oggetto di concentrazione, la mente stessa. La «mente» designa in questo caso la coscienza che non smette di perpetuarsi. La maggior parte delle volte il pensiero si disperde all'esterno e, poiché non sempre siamo intenti a osservare l'essenza della nostra mente, quando dobbiamo darne una definizione siamo solo capaci di ripetere che la mente, o più precisamente la coscienza, è una semplice esperienza di conoscenza e di chiarezza.

È difficile, durante la stessa esperienza, immaginare la natura chiara, conoscitiva e sperimentale della «mente». Bisogna provare e riprovare a fare l'esperienza delle qualità di conoscenza e di chiarezza proprie della coscienza.

La mente segue da vicino gli oggetti esterni: le forme, i suoni, gli odori, i sapori e tutto ciò che è tangibile. La coscienza visiva, per esempio, è quella che afferra le forme. Il pensiero che immagina la forma sembra anch'esso avere una forma. Se così è, l'essenza chiara e conoscitiva della mente è velata dalla forma. Occorre allora rinunciare ai ricordi, a tutti quei pensieri in cui si evoca questa o quella esperienza passata, impedendo loro di ritornare a galla e bloccandoli, come altrettanto si farà con le speranze e i relativi timori, a cui si impedirà di fluire liberamente.

Facciamo l'esempio di un fiume. Mentre scorre è impossibile vederne il letto. Se per un breve attimo fermiamo il flusso, non vi è più acqua che scorre e, una volta scomparsa anche quella che già c'era, si vede il terreno, il letto del corso d'acqua. Allo stesso modo, quando interrompiamo il flusso dei nostri pensieri, quando interrompiamo, come nel caso del fiume, l'ondata continua dei pensieri, ecco il vuoto. Non il vuoto della vacuità, bensì il vuoto uguale a quello che si ha quando si parla di un «tempio senza monaci».

C'è improvvisamente il vuoto quando fermiamo ciò che era riempito dal discorso interiore. Quando si riesce a prolungare questo istante di vuoto, prima o poi si farà l'esperienza delle qualità della conoscenza e della chiarezza che definiscono la coscienza.

Se con gli occhi chiusi avremo la visione di macchie rosse sgradevoli e, riaprendo gli occhi, vedremo di fronte a noi dei colori vivi, questo deve preoccuparci. Ma se non vediamo nulla di particolarmente colorato, talvolta perfino nell'assenza di qualsiasi percezione visiva, l'esperienza avrà la sua utilità e lentamente ci permetterà di capire che cos'è una «semplice esperienza di conoscenza e di chiarezza».

Anche la vacuità può essere d'aiuto alla concentrazione. In questo caso, possiamo assumere la mente stessa come soggetto o substrato particolare o anche come fenomeno dotato di una forma o ancora come semplice sentimento dell'io: ecco qualche buon oggetto per l'analisi della vacuità.

Avendo scelto come «substrato» l'oggetto adatto, su di esso concentreremo l'analisi. Quando l'avremo analizzato per vedere se realmente esisteva, concluderemo che è privo di ogni essenza. Sarà allora un vuoto determinato dall'assenza, quello che fa seguito alla confutazione, alla non sostanzialità. Poi, quando arriveremo alla conclusione intellettuale che è vuoto sotto ogni punto di vista e questa conclusione sarà per noi una certezza, su questa certezza ci concentreremo. Ecco che cosa fare per la «ricerca della meditazione».

Dapprima praticare la quiete su un oggetto di concentrazione convenzionale, poi iniziare la «ricerca della visione» che è l'analisi della situazione in uno stato meditativo profondo. Nei Sūtra si procede in questo modo.

Nei Tantra inferiori si pratica il *samādhi*[25] durante lo *yoga* con segni.[26] Se non si è ancora arrivati alla quiete, la si realizzerà durante lo *yoga* con segni, ma si raggiungerà il raccoglimento che unisce quiete e visione superiore nella conoscenza diretta della vacuità, praticando lo *yoga* senza segni.[27] Nei Tantra Insuperabili, se non vi si è giunti in altro modo, si pratica la quiete durante la fase di creazione.[28]

E ora veniamo alla quiete. Qual è l'oggetto principale dell'esercizio della quiete? I buddhisti interessati alla liberazione si esercitano alla quiete per raggiungere la visione superiore che conosce le cose direttamente così come sono. E perché questa visione diretta della vacuità si produca è necessario avere la visione della conoscenza diretta della vacuità.[29] Senza questa visione è impossibile che la visione superiore della conoscenza diretta della natura di una cosa derivi dall'annullamento puro e semplice di questa cosa.

Allora, quando si parla di vacuità, di che cosa si parla esattamente? In modo generico del vuoto dell'esistenza reale o in sé, oggetto stesso di confutazione. Riguardo agli oggetti da confutare, ci sono quelli che confutiamo praticando la via e quelli che confutiamo con il ragionamento. I primi si eliminano dunque attraverso la meditazione sulla via e sono diversi dagli oggetti della confutazione logica, come quando si parla di vacuità.

Come opera in questo caso la confutazione logica? Dimostra l'inesistenza dell'oggetto della confutazione. Questo oggetto non è mai esistito. Ma allora, si dirà, se non è mai esistito, non è necessario confutarlo. Ebbene, per errore si crede perfino in ciò che non esiste ed è da questa certezza che nascono l'attaccamento e l'odio che hanno il potere di farci provare sofferenza. L'attaccamento e l'odio, provocati da questa certezza realistica, determinano sofferenza: per eliminarla, non resta che eliminare le coscienze distorte. Ma si giungerà a questo risultato soltanto dichiarandole cattive.

Quando si corre il rischio, per esempio, di imbattersi in un individuo malintenzionato che si nasconde nell'oscurità, si dice che dobbiamo diffidare, ma è inutile ripetersi senza sosta che non bisogna avere paura. Una volta verificato se bisognava effettivamente avere paura o no e concluso che non bisognava averla, la paura provocata dal dubbio finirà per scomparire da sola.

Dunque, per eliminare il realismo ingenuo che è una coscienza distorta, bisogna avere la certezza che in effetti quell'oggetto non esiste come invece vorrebbe il realismo. Questa certezza a poco a poco perde di vigore e scomparirà con la meditazione. Ma ciò non è soltanto il risultato di una confutazione logica.

Siamo sottilmente convinti che gli oggetti siano sostanze, per l'abitudine che una certezza innata ha instaurato in noi, e questo ci logora. Se arriviamo alla certezza che nulla esiste in sé, ci libereremo della sorda distruzione che questa nostra fissazione opera su una sostanza.

Non è possibile negare l'esistenza dell'oggetto della confutazione, ma dobbiamo continuare a confutarla mentalmente fino alla cessazione di quell'oggetto come sostanza.[30] Confuteremo la sua esistenza reale, prendendo bene coscienza degli inconvenienti di una tale esistenza, e capiremo così che l'oggetto della confutazione non è mai esistito.

Il fatto che una cosa non esista in sé è la prova stessa della sua irrealtà.[31]

28 aprile 1997, pomeriggio
DOMANDE-RISPOSTE

Se la chiara luce della coscienza è costituita da attimi non permanenti, com'è possibile ricordare il passato?

La coscienza procede attimo dopo attimo perfino a livello delle coscienze grossolane. La coscienza di ieri non esiste più oggi e ciò che è accaduto ieri oggi è soltanto il ricordo in mezzo allo stesso continuo.

Considerato che ogni attimo è non permanente, al momento della morte, nell'ultima dissoluzione resta soltanto la chiara luce. La chiara luce è anch'essa piena delle tendenze e del karma *passati?*

Abbiamo visto che c'era un terreno su cui si depongono le tendenze occasionali e un terreno dove si depongono le tendenze durature. Queste ultime hanno come terreno il semplice sentimento dell'io ed è su questo sentimento che poggerà la nostra riflessione. Quando la chiara luce originaria innata si manifesta come la saggezza che conosce direttamente la vacuità, essa non può in nessun modo formare il terreno delle tendenze e queste si depongono sul semplice sentimento dell'io. Ma se cerco questo io, non riuscirò a trovarlo. E non riuscirò a trovare neanche la chiara luce, poiché si chiama così per le parti che la costituiscono.

Nel *Discernimento del centro e della periferia*[1] si parla di tre livelli assoluti: l'assoluto di fatto, l'assoluto che si ottiene e l'assoluto che si compie. Nei Tantra si definisce la chiara luce «fase di perfezione»[2] in quanto verità assoluta. Nel capitolo diciottesimo del suo *Tesoro del Gioiello magico,* Longchen Rabjampa[3] propone diversi modi di classificare le due verità fondamentali, tra cui questa: l'originario o l'innato dipendono dalla verità assoluta, mentre il momentaneo dipende dalla verità relativa. Afferma quindi la verità assoluta dello stato originario innato, vuoto di fenomeni momentanei, e stabilisce la verità assoluta della chiara luce originaria innata. Occorre allora confrontare i testi successivi che parlano dell'assoluto e vedremo che c'è un modo per ritenerlo valido rispetto alla via dei Sūtra e un altro modo per ritenerlo valido per la via dei Tantra.

Che cosa designa la vacuità in un Tantra come la *Ruota del tempo*?[4] Bisogna riuscire a trarre un senso da ciascuno di questi testi. Altrimenti, attenti a non amalgamare tutto! Difatti, quando si pronunciano le parole «vacuità» e «assoluto» si ha l'impressione di parlare della stessa cosa, ossia dell'assoluto. Se si spiega la vacuità considerando solo uno di questi due termini, cadremo nella confusione. È indispensabile che ve lo dica, perché altrimenti rischiate di pensare che la chiara luce originaria innata esista realmente come verità assoluta.

Che cosa pensa del vegetarianismo?

È la cosa migliore da fare. Dobbiamo assolutamente incoraggiare il vegetarianismo. E anche se non possiamo essere totalmente vegetariani, quando diamo un ricevimento o invitiamo a pranzo qualcuno, comunque è sicuramente meglio proporre piatti unicamente vegetariani. Alcuni dicono di essere vegetariani, ma poi considerano i pesci e altri animali alla stregua delle verdure. Quando si è vegetariani, i granchi e gli altri frutti di mare sono da considerare come la carne. «Vegetariano» indica una persona che «mangia solo vegetali». In questi tempi molti dicono di essere vegetariani, ma quando entrano al ristorante dovreste vedere come sgranano gli occhi i pesci e i granchi dell'acquario.

La devozione può essere una via, se non la via per alcuni discepoli?

La devozione è fondamentale, affinché insorga una speciale realizzazione. Ma è difficile raggiungerla con la sola devozione. È importante meditare su tutti i temi.

La collera può essere benefica, quando si tratta di cambiare una situazione negativa?

In genere la collera motivata dalla compassione è accettata. Definiamo la compassione una motivazione causale e la collera una motivazione temporale. I Tantra spiegano come fare della collera una via. Quindi può anche essere positiva. Tuttavia nei testi del Veicolo dei bodhisattva non è assolutamente lecito lasciarsi andare alla collera. La gente mi pone sempre questo tipo di domanda. Quando si prende un grosso spavento, è meglio esprimere il proprio malessere, anche con apparente collera! In genere quando non si applica metodicamente l'antidoto a una collera che sta montando dentro di noi, essa non fa che aumentare. Occorre leggervi qualche inconveniente, vedervi un problema e, una volta rivelatasi del tutto inopportuna, perde progressivamente vigore.

Lei ha detto che è l'intenzione che determina il karma. *Ma l'intenzione deriva dal* karma*?*

Perché no? Per esempio, il fatto che nella mente ci siano emozioni negative dipende dal *karma*? Può darsi. Prendiamo però il caso di un uomo che in un'altra vita abbia ucciso. Nella sua nuova vita, ama uccidere già da bambino. Questa voglia di uccidere gli deriva dagli schemi, che sono condizionati dalla abitudine a uccidere.

Prima ha affermato che il numero dei continui di coscienza che costituiscono gli individui non è né aumentato né diminuito. Che cosa intende dire, che questo numero è definito oppure che è infinito o che non è possibile calcolarli?

Non è possibile calcolarli.

Ieri lei ha detto che la forma e il colore del fiore sono il risultato del karma, *ma io credevo che il* karma *riguardasse soltanto gli esseri animati dotati di una coscienza. Il fiore non ha coscienza. Allora com'è possibile sostenere che la sua forma e il suo colore derivano dal* karma*?*

Chi ama i fiori variopinti e ha molti fiori nel suo giardino, lo deve in gran parte a una forte proiezione del suo *karma*. Il fiore, ad esempio, non ha sensazioni che derivano dalla sua forma o dal suo colore. L'individuo che gode del fiore e anche perfino dell'insetto che vi è annidato, prova gli effetti della relazione tra cause e condizioni che permettono di godere del fiore e ciò ha una relazione con il *karma* dello stesso essere animato.

Ed è per questo che la forma del mondo, per esempio, il suo aspetto generale, è conforme alla funzione del *karma* comune di coloro che vi vivono. Di conseguenza c'è un rapporto con il *karma* per tutti i componenti del paesaggio come le foreste, i fiori, i deserti. Di che natura è questo rapporto? Questo è un enigma. Penso che il mondo sia costituito, grosso modo, di quattro elementi. I cinque elementi interiori[5] si suddividono in grossolani e sottili; il più profondo e il più sottile degli elementi è collegato alla chiara luce. C'è dunque una relazione sotto questo aspetto. Così appare nel *Grande commento della Ruota del tempo* di Mipham Rinpoché.[6] A eccezione di questo punto le altre relazioni non sono evidenti.

Il mondo che ci circonda è una proiezione del *karma* universale. Credo che le sue caratteristiche più sottili obbediscano alle leggi della natura studiate dalla biologia e dalla chimica. Adesso le cose sono un po' diverse: si fa una distinzione tra l'animato e l'inanimato. Un fiore non è un corpo: c'è una bella differenza. Se si risale fino alle particelle del big bang, non troviamo subito dopo il big bang nessuna particella atta a divenire «carne» né particelle atte a divenire fiore o roccia e così via. Il *Tantra della Ruota del tempo* parla di «particelle spaziali», un tipo di particelle che secondo me dovevano già esistere «al momento del big bang». Credo che questo tipo di particelle evolvendo si siano diversificate in particelle atte a essere rocce, fiori e carne e ciò in relazione con il *karma.* D'altronde i fisici sostengono che all'inizio le particelle erano estremamente sottili e molto poco differenziate. Non conosco i loro nomi esatti. In ogni caso si tratta di cose di estrema sottigliezza.

Lei sostiene che l'ignoranza è inerente al continuo e che questo continuo non ha inizio. Allora l'ignoranza non avrà fine, considerato che il continuo non ne ha.

Pur potendo impedire all'ignoranza di durare, è impossibile bloccare la coscienza. Ugualmente, non si può impedire all'individuo di esserci. L'ignoranza è il contrario della saggezza. Soltanto durante questa vita, per esempio, la nostra coscienza c'è sempre, ma la collera talvolta nasce, talvolta cessa. Se si medita molto sull'amore per contrastare la collera, a poco a poco questa perde di vigore. Al momento della morte è soltanto la coscienza di questa vita che scompare: non vi è l'annientamento completo della coscienza. Ci sono i mezzi per contrastare l'odio, ma nulla può fermare la coscienza.

Lei ha parlato di cinque aggregati. Quali sono?

Le forme, le sensazioni, le percezioni, le composizioni[7] e le coscienze.

Che differenza c'è tra il continuo della chiara luce e la particella «di spazio»?

La particella «di spazio» ha una forma, sottile, certo, ma ha comunque una forma. La chiara luce è coscienza.

La particella «di spazio» non ha inizio e non so se abbia una fine, forse non ne ha. Perché? Gli esseri animati sono infiniti. Se non hanno fine, non finiranno mai. Se i loro progetti non hanno fine, il loro flusso non potrà mai finire. Infinito, illimitato: è così difficile prevederne la fine.

Se tutti gli esseri umani diverranno buddha che cosa accadrà?

Faremo una grande festa.

Dinanzi alla violenza e agli abusi, la non violenza è l'unica risposta possibile?

Credo di sì. Si può sempre rispondere che la violenza richiama altra violenza e che la violenza non ha fine. Io penso che il nostro secolo sia il secolo della violenza, ma se ci mettiamo tutti d'impegno, il prossimo secolo sarà quello del dialogo.

29 aprile 1997, mattina

CONFERENZA

Senso della non sostanzialità. L'indipendenza dell'essere o sostanzialità è impossibile. Per i Prāsaṅgika nulla esiste realmente, perfino a livello convenzionale della verità relativa.

La verità assoluta dei fenomeni o «designazioni dipendenti» si trova al di là dell'essere e del non essere. Inesistenza del sé individuale. Distinzione tra «esistere» ed «esistere realmente».

La mente che percepisce il modo reale di un oggetto non percepisce nessun oggetto. «A eccezione della conoscenza diretta e immediata della vacuità, tutte le percezioni sono illusorie.»

Definizione del realismo ingenuo.

«L'esistenza è puramente nominale e nulla ha mai avuto un'esistenza oggettiva.» Le cose non esistono per il solo fatto della loro essenza. Confutazione dell'esistenza oggettiva. La corda e il serpente. Per i Prāsaṅgika il senso comune è il miglior giudice a livello convenzionale.

Impossibile ogni nascita o produzione.

Sulla base delle Quattro Nobili Verità e delle due verità fondamentali siamo giunti fino al rifugio. Adesso dobbiamo soltanto andare dal rifugio all'ultima onniscienza, la dignità del Vincitore.[1] Questo cammino comporta tre tappe. La prima consiste nell'evitare gli atti non meritori, ovvero il male; la seconda consiste nell'eliminare le emozioni negative e la terza nel cancellare gli schemi abituali impressi dalle emozioni negative.

Veniamo alla spiegazione della seconda tappa. Essa consiste nel meditare sulla conoscenza trascendente, sulla base della disciplina, e giungere alla conoscenza diretta della non sostanzialità, attraverso la quiete. Occorre quindi stabilire il senso della non sostanzialità.

Tutti i filosofi buddhisti ammettono che a causa dell'ignoranza vaghiamo nel cerchio delle morti e delle rinascite. Ma perché proprio l'ignoranza?

Nessuno di noi vuole soffrire; tutti quanti noi vogliamo essere naturalmente felici. Eppure si direbbe che quasi deliberatamente facciamo di tutto per creare le cause della nostra sofferenza, per colpa della confusione che si è instaurata in noi. E pensare che senza questa confusione potremmo creare le cause della felicità a cui aspiriamo. Ciò che vogliamo è essere felici ma, in preda alla confusione, agiamo in modo opposto. Pertanto la nostra esistenza è sottomessa alle sofferenze del *saṃsāra* e si sa che la causa del *saṃsāra* è determinata dall'ignoranza. L'ignoranza ha dunque il potere di creare il *saṃsāra*.

Per identificare questa ignoranza, così come esistono tesi più o meno sottili sulla non sostanzialità, esistono molte spiegazioni più o meno sottili su di essa. Per porre fine all'ignoranza, occorre attaccarla con l'aiuto di uno stato mentale in cui il modo di percepire sia in contraddizione con essa. Uno stato mentale non contraddittorio non farebbe che attaccare indirettamente ciò che deve essere annullato.

Candrakīrti scrive: «Poiché l'amore, per esempio, non

contrasta la confusione, esso non può abrogare gli atti molto cattivi».

In altre parole, per il fatto che l'amore e la compassione non afferrano necessariamente le cose, contraddicendo la confusione, essi non possono affrontarla.

Āryadeva scrive nelle *Quattrocento stanze*:

«L'esistenza ha per germe la coscienza,
E il suo campo d'azione sono gli oggetti della coscienza.
Quando percepiamo la non sostanzialità degli oggetti,
Il germe dell'esistenza ne è bloccato».

In altre parole, riguardo alla coscienza in generale, quella coscienza che è germe del divenire, fin quando essa ci sarà bisognerà restare nel cerchio delle morti e delle rinascite. Per fermare il *saṃsāra*, occorre quindi che la coscienza cessi, ma ciò è l'esatto contrario di quello che dicono i testi di Nāgārjuna.

Dunque, è una coscienza particolare, quella che coincide con l'ignoranza sostanzialista, che ci mantiene nel cerchio delle esistenze. Per confutare l'ignoranza sostanzialista che è come un germe per le esistenze, occorre riconoscere la non sostanzialità degli oggetti percepiti come sostanze a causa di questa stessa ignoranza: così la coscienza, in quanto germe delle esistenze, cessa.

Ma allora se bisogna considerare gli oggetti come non sostanziali, qual è questa sostanzialità che manca loro?

Ancora Āryadeva nelle *Quattrocento stanze*:

«Ciò che esiste come dipendente
Non è affatto indipendente.
Ora, tutto ciò non è indipendente,
Dunque, tutto è non sostanziale».

Così, ogni fenomeno che esiste in interdipendenza non è un'entità indipendente. Pertanto, stabilito che tutti questi fenomeni, che designano il sé e gli aggregati, non esistono indipendentemente, essi sono privi di esistenza sostanziale. Dobbiamo allora capire che la cosa da confutare è il concetto di indipendenza, di esistenza indipendente. Ed è proprio questa «indipendenza» che tutti i Mādhyamika designano come la cosa da confutare in generale.

Entrando nei dettagli, così come abbiamo visto, su questo punto i tre maestri, a cominciare da Buddhapālita, si sono espressi con la massima chiarezza. Il commento di Buddhapālita al *Trattato fondamentale* di Nāgārjuna fu criticato da Bhāvaviveka. Poi Candrakīrti rispose a queste critiche relative alla terminologia e all'interpretazione, chiarendo punto per punto.

Che cosa emerge con chiarezza da ciò che i tre maestri hanno confutato, affermato, obiettato e obiettato nuovamente? Bhāvaviveka e i suoi successori hanno dimostrato che in una certa Via di Mezzo, ciò che noi percepiamo oggi come le forme e gli altri fenomeni, apparenze di realtà indipendenti, esistono effettivamente a livello convenzionale, come se avessero un'esistenza oggettiva.

Si tratta della natura di queste apparenze che essi chiamano «realtà indipendente», realtà esistente. La mente che coglie queste realtà indipendenti non cade in errore in rapporto alle apparenze essenzialmente reali. Che cosa vogliono dire con ciò? Che queste realtà «indipendenti» esistono proprio a livello convenzionale.

In compenso, per Buddhapālita e Candrakīrti questo genere di realtà indipendente non esiste affatto e proprio per questo percepirla è già un errore. Gli uni parlano di conoscenza vera e gli altri di errore. Con questo ci rendiamo conto come definiscono l'oggetto della confutazione e ci accorgiamo che c'è una differenza di sottigliezza nell'oggetto che gli uni e gli altri confutano.

Dunque, a proposito della Via di Mezzo, alcuni affermano una realtà indipendente a livello convenzionale e altri no. Sarebbe meglio, comunque, che non ci fosse alcuna contestazione logica della visione che nega la realtà indipendente di qualsiasi cosa, perfino a livello convenzionale. Anche se esaminiamo questa visione a lungo, non rileveremo nessuna assurdità nel rifiuto ad ammettere, come verità convenzionale, qualunque realtà indipendente. Ed è perfino possibile dimostrare logicamente che questo è l'ultimo pensiero di Nāgārjuna e del suo successore Buddhapālita.

Quando si riflette su ciò che è rimasto, una volta confutata l'esistenza delle realtà indipendenti soltanto a livello convenzionale, non è raro avvertire un sentimento nichilista. Nel *Trattato fondamentale* di Nāgārjuna troviamo le critiche rivolte dai realisti ai Mādhyamika e che possiamo riassumere così: voi asserite che tutti i fenomeni sono naturalmente vuoti o vuoti (di essere) in sé. Se tutti i fenomeni sono naturalmente vuoti e ciascuno è vuoto di essenza, nulla più può esistere. Mancheranno a ogni fenomeno l'essenza e gli attributi. La vostra filosofia dunque è solo nichilismo.

Questa è l'obiezione dei realisti del Piccolo Veicolo che proseguono: confutate ad esempio i quattro possibili modi di produzione.[2] Dite che il reale non dipende né dall'essere né dal non essere; che è libero da tutte le costruzioni concettuali legate all'essere e al non essere.[3] Rischiate di non avere in mente che un puro niente!

Ecco come risponde a queste osservazioni Nāgārjuna:

Quando i Mādhyamika commentano l'intenzione ultima del Vincitore, essi parlano di «non esistenza in sé» per la sola ragione che le cose si producono in interdipendenza e che non esistono dunque in sé. Non dicono che, non esistendo del tutto, il fatto di esistere è contrario alla loro natura.

Nel *Trattato fondamentale* è scritto che ciò che si produce in interdipendenza non può esistere per il solo fatto della sua essenza; che ciò che non può esistere per essenza è privo di sostanzialità; e che ciò che è privo di sostanzialità è chiamato vuoto, naturalmente vuoto.

Quindi ciò che è privo di sostanzialità esiste soltanto in quando dipendente. Nell'espressione «designazione dipendente», «dipendente» vuol dire «non autonomo»: ciò che dipende da un'altra cosa non è autonomo. Scompare così il limite dell'essere eterno. Visto che ciò non si produce in modo autonomo, parliamo di «designazione». E non considereremo neanche «puro nulla» ciò che esiste in quanto designazione.

Una designazione dipendente non ha quindi nulla della realtà in sé. Si tratta di un'entità che non ha una esistenza autonoma, ma che non è neanche puramente inesistente; in tal modo non neghiamo che abbia un'azione che risponde alla causalità e che apporta effetti positivi o negativi. Ciò che esiste in quanto designazione, per quanto non esista neanche la sua attività in sé, è una realtà dipendente.

Ecco come i Mādhyamika vedono le cose e come è la Via di Mezzo. Come risulta chiaramente dalla *Introduzione alla Via di Mezzo* di Candrakīrti e secondo il commento dello stesso autore, è impossibile conoscere perfettamente la non sostanzialità dell'individuo fin quando non si conosce direttamente la non sostanzialità dei fenomeni e si aderisce ancora ai sistemi che ammettono la loro sostanzialità.

Che cosa vuol dire? La ragione di chi può conoscere direttamente la non sostanzialità dell'individuo con tutte le sue caratteristiche non confuterà allora direttamente l'oggetto di attaccamento relativo alla fede nella realtà delle cose. Ciò avverrà soltanto quando questo potere di confutazione sarà completo. Poiché tra la non sostanzialità dell'individuo e la non sostanzialità dei fenomeni la differenza non è così sottile. *La Collana di Gioielli*[4] dice:

«Fin quando si crederà alla realtà degli aggregati
Si crederà alla realtà dell'io».

In altre parole: fin quando non acquisiamo la forza di confutare gli oggetti di attaccamento propri del realismo ingenuo, per i quali gli aggregati sono reali, il realismo che ha per oggetto il sé individuale continuerà. Il sé individuale di cui parlano gli Svātantrika e le scuole inferiori non è che l'aspetto grossolano del sé. La non sostanzialità del sé individuale designa insomma il fatto che non esiste individuo assolutamente indipendente, mentre la non sostanzialità dei fenomeni designa il fatto che per esempio gli aggregati, come tutti i fenomeni, non esistono realmente.

La conoscenza diretta della non sostanzialità del sé individuale e la conoscenza diretta della non sostanzialità dei fenomeni attaccano la fede nella realtà o il realismo che consiste nel legarsi agli aggregati come se esistessero realmente.

In che ordine appaiono questi due realismi? L'ignoranza realistica che consiste nel credere all'esistenza reale degli aggregati forma la base sulla quale si sviluppa il realismo che crede alla realtà dell'individuo.

Quando l'«io» si presenta alla mente, sono gli aggregati, che costituiscono la base di designazione dell'io, che si presentano alla mente come il suo oggetto. Sentiamo allora dentro di noi l'«io»? Non sono sicuro che ciò valga sempre per la conoscenza diretta della non sostanzialità, ma in genere spesso è un po' più facile stabilire la non sostanzialità dell'individuo per via del suo substrato.[5] Cominciamo quindi a parlare del sé individuale; la non sostanzialità dei fenomeni viene dopo.

Durante la meditazione la forma e gli altri fenomeni sono confutati dal ragionamento? No. Che cosa confuta il ragionamento? Confuta l'esistenza in sé della forma e degli altri fenomeni. Tuttavia per chi conosce direttamente la natura della forma e degli altri fenomeni, colui per il quale la vacuità è una certezza, la forma e gli altri fenomeni non appaiono, difatti queste cose cessano.

La mente che analizza la natura della forma e degli altri fenomeni non fa che cercare la loro natura e nient'altro. La mente che cerca il modo reale della forma e degli altri fenomeni non trova nessuno di questi fenomeni. Queste cose che hanno l'apparenza della forma e degli altri fenomeni non esistano come modo reale. Così nella mente di colui che cerca il loro modo reale o che lo conosce con certezza, queste cose non appaiono. Tuttavia, ciò non vuol dire che la forma e gli altri fenomeni sono terminati o sono stati negati.

La coscienza visiva, per esempio, non percepisce i suoni. Non si può mettere in dubbio un suono con la scusa che la coscienza visiva non l'ha sentito. La coscienza visiva non percepisce che la forma; non è coscienza che coglie il suono. Non si potrà quindi spiegare l'inesistenza di un suono, sostenendo che la coscienza visiva non l'ha percepito. Il suono è l'oggetto esclusivo della coscienza uditiva che lo coglie; non può essere l'oggetto della coscienza visiva.

Allo stesso modo la mente, concentrata sull'analisi del modo reale delle cose, non percepisce le cose che non esistono in modo reale. Il fatto che non le percepisca non è la percezione della loro inesistenza. Non le percepisce perché esse non sono gli oggetti della sua percezione. Così, esaminando il loro modo reale, la forma e gli altri fenomeni sono oggetti introvabili, ma ciò non porta alla loro pura e semplice negazione o alla scoperta della loro inesistenza.

L'altro giorno ciò mi è stato esplicitamente chiesto. Quando tutte le costruzioni concettuali, durante la contemplazione, sono perfettamente placate nello spazio di questa pace perfetta, esse non sono percepite, non appaiono in quella dimensione. Ecco tutto. Ma questo non vuol dire che le costruzioni concettuali non esistano. Nel *Cammino del Risveglio*[6] leggiamo che non è possibile confutare la forma, il suono e gli altri fenomeni, ma neanche le coscienze che li colgono uno a uno. Bisogna confutare, sostiene Śāntideva, il contenuto del pensiero, il concetto di esistenza reale, causa prima di sofferenza, e non le coscienze della forma, del suono né gli stessi oggetti.

Allora, che cosa viene negato?

Il concetto di esistenza reale o la fede nella loro reale esistenza, causa di sofferenza. Questo viene negato. Faremo quindi distinzione tra esistere e esistere realmente. Che cos'è allora l'«esistenza»? Soltanto un nome. Quanto all'esistenza reale, essa è l'esistenza «oggettiva».[7] Quando ci troviamo dinanzi a un oggetto, non è tanto la sua esistenza nominale che ci appare, quanto la sua esistenza oggettiva.

Tuttavia, è possibile pensare che questi fenomeni, quando la mente li afferra, esistono così come appaiono, ma si può anche pensare il contrario. È anche possibile afferrarli pensando che siano realmente come appaiono. Fin quando non li abbiamo analizzati bene, obiettivamente essi sembrano esistere.

La semplice apparenza di un fiore conferisce a questo fiore una specie di esistenza oggettiva. Difatti noi lo percepiamo come base di designazione o oggetto. Ma, tranne la conoscenza diretta e immediata della vacuità, tutte le percezioni sono illusorie.

Che cosa intendiamo con ciò? Che, a parte la conoscenza diretta della vacuità, tutti gli altri stati mentali, per i quali i fenomeni appaiono come oggettivamente esistenti, sono pensieri o coscienze distorte. Considerando questo aspetto, diciamo che si tratta soltanto di un equivoco.

Potremo trovare bello questo fiore e affezionarci ad esso: ci affezioneremo mentalmente al fatto che lo troviamo oggettivamente bello e così risalterà la nostra fiducia nella sua realtà. Nella mente che coglie il fiore esiste il pensiero esclusivo di questo fiore e esso ci appare come provvisto di esistenza oggettiva. Ebbene, il fatto stesso di credere che ci sia qualcosa di oggettivo, che è così come appare e perfettamente indipendente, è ingenuo realismo.

Quando chi possiede una buona comprensione del fatto che i fenomeni non esistono realmente, vede finalmente il fiore che gli appare e lo percepisce come oggettivamente esistente, per il solo fatto che esso non esiste oggettivamente se non a livello di apparenza, penserà che anche se gli sembra esistere, non è così. Ciò vuol dire cogliere un fiore a cui abbiamo assegnato la caratteristica di non essere reale.

Un fiore può essere percepito in tre modi diversi. Il primo modo senza attribuirgli la caratteristica di essere reale o no; il secondo giudicandolo reale; e il terzo, quello che mette in atto l'individuo che ha fatto l'esperienza della vacuità, che percepirà il fiore nella sua irrealtà.

L'esistenza è puramente nominale e niente ha mai avuto un'esistenza oggettiva. Inoltre, poiché questa esistenza può avere effetti positivi o negativi, bisogna pur trovare qualcosa che produca questi effetti. Ma è molto difficile indicare qualcosa. È introvabile. Non si tratta comunque del nulla, ma di niente che esista oggettivamente. In nessun modo. E diremo che le cose esistono per via del loro nome, senza neanche meritarlo.

La parola «semplice» nell'espressione «semplice designazione» non significa che le uniche realtà sarebbero i nomi; e non significa neppure che ci sarebbero soltanto nomi e non oggetti, poiché bisogna che ci sia un oggetto a cui assegnare il nome adatto. Un nome può essere errato. Se le realtà non fossero nient'altro che nomi, mi sembra che non sarebbe necessario divertirsi a vedere se i nomi corrispondono agli oggetti in questione. Ci sono oggetti, oggetti che non sono nomi e, nonostante siano presenti, non se ne può dire nulla. Esiste un oggetto a cui corrisponde un nome: anche se esiste, qual è la sua essenza? Soltanto un nome. È un oggetto che può essere nominato e la cui esistenza ha un nome: nulla di oggettivo.

Questo tipo di esistenza non è la semplice inesistenza dell'oggetto, ma è un'esistenza che poggia sulla forza di un nome, di una designazione convenzionale, nulla che un essere produca con la forza di designazione di un concetto, ma nulla che possa esistere oggettivamente. Per cui, quando vogliamo sapere di quale oggetto si parla, relativamente alla sua esistenza oggettiva, ebbene questo oggetto si rivela introvabile. Ecco ciò che occorre capire quando diciamo che le cose non esistono per il solo fatto della loro essenza.

I Mādhyamika-Svātantrika ammettono questa esistenza oggettiva. Per loro è un semplice nome, ma, come ho detto, non sta a indicare una semplice esistenza nominale senza nulla di oggettivo. Essi ritengono che esista ciò che a una coscienza sana, ovvero non insudiciata da errori momentanei,[8] appare come una realtà indipendente oggettiva: ciò che appare, quindi, per natura a livello convenzionale, in quanto realtà oggettiva. Visto che questa apparenza è la percezione di una coscienza sana, coloro che non seguono i Prāsaṅgika interpretano ciò come qualcosa che esiste oggettivamente e indipendentemente dalla sua designazione.

In poche parole, se le cose potessero esistere spontaneamente, dovremmo considerare per esempio che esiste un Matteo reale al quale corrisponde il nome Matteo. Immaginiamo dunque una realtà indipendente che chiameremo Matteo. Dopodiché potremo pensare che «il monaco Matteo c'è». Questo pensiero sarà conforme al suo oggetto. Se, indipendentemente dalla designazione «Matteo» e senza che il nome Matteo esista per il solo fatto che appare a una coscienza sana, se, dunque questo nome aveva in qualche modo un'esistenza straordinaria,[9] a chi non conosce il nome Matteo, basterebbe vedere Matteo per conoscere il suo nome. Ma non è così. Qualcosa appare come se esistesse oggettivamente e per natura. Un nome è legato a questa apparenza ed è questa unione di metodi e di conoscenza che permette di definirla un fenomeno esistente. Per questo motivo gli Svātantrika sostengono che i fenomeni esistono.[10]

I Prāsaṅgika, invece, affermano che l'esistenza è una cosa strettamente nominale, in nessun caso oggettiva. I testi della Via di Mezzo usano sempre il paragone della corda e del serpente. Nella penombra è poggiata arrotolata una corda maculata. Qualcuno potrà pensare che si tratti di un serpente, ma il serpente che questa persona immagina non ha la benché minima esistenza. Non c'è mai stato un serpente in quella corda maculata. Allo stesso modo, è oltre gli aggregati che si impone il pensiero del sé.

Dunque, quando agli aggregati si sovrimpone il pensiero che essi costituiscono l'individuo, non c'è mai stato in questo oggetto, a cui si aggiunge il pensiero dell'«io sono» o dell'«ecco l'individuo», la più piccola possibilità di essere effettivamente un individuo. Come in una corda maculata non c'è mai stato alcun elemento, anche piccolissimo, di un serpente e anche se la nozione di individuo, formata sulla base degli aggregati, corrisponde perfettamente al suo oggetto, costituendo una vera conoscenza, nell'uno e nell'altro caso l'inesistenza accertata del serpente nella corda è simile all'inesistenza dell'individuo negli aggregati.

Ma il pensiero che c'è un serpente quando non c'è che una corda è una percezione distorta, mentre il pensiero che gli aggregati sono il luogo dell'individuo non è una conoscenza errata. Allora dov'è la differenza? Non si può dire che c'è un serpente dove c'è una corda né che c'è un individuo dove ci sono gli aggregati. Questo poiché il fatto di vedere un serpente al posto di una corda può essere contraddetto da un'altra percezione a livello convenzionale. Basterà accendere la luce e l'idea che si tratta di una corda e non di un serpente si affermerà come vera in senso convenzionale. Basterà toccare la corda per capire che non si tratta di un serpente. Questo genere di evidenza convenzionale è in grado di contraddire l'equivoco e quindi non è errata.

Invece, nessun'altra ragione convenzionale può provare l'idea che ci sia un individuo dove ci sono gli aggregati. Lo sguardo di un altro individuo non coglierà che un individuo. Dai buddha sino a noialtri, esseri comuni, non facciamo che dire che ci sono individui e non degli individui in qualche modo derivati dagli aggregati. Non è del tutto errato pensare che esista un individuo a partire dagli aggregati. Tuttavia, occorre dire che, se il pensare che l'individuo derivi la propria esistenza dagli aggregati non è un'idea falsa, allora, laddove vi sono aggregati v'è un individuo, ma laddove v'è una corda, non c'è un serpente.

Dov'è allora la differenza? Occorre spiegare che dal punto di vista del soggetto, della coscienza, la conoscenza vera di un'altra persona annullerà l'idea di un serpente al posto di una corda; poi, che il pensiero che concepisce l'individuo sulla base degli aggregati, non sarà invalidato da un'altra intelligenza a livello convenzionale; e che sotto questo aspetto si tratta di una coscienza non erronea rispondente al suo oggetto. Quindi nessuna differenza in termini di esistenza oggettiva. L'errore è evidente analizzando tutto da un altro punto di vista. Ritenere che il pensiero «ecco l'individuo» abbia un'apparenza di realtà, questo è l'equivoco. Ma la percezione di questa coscienza non è ancora attribuita dalla certezza realistica. Esiste soltanto il pensiero che l'individuo c'è. L'oggetto della percezione è l'individuo e nessun'altra conoscenza convenzionale vera potrà provare il contrario. La coscienza sbaglia percependo un'esistenza reale. L'oggetto di questa percezione è l'individuo e in questo non si sbaglia. È dunque la certezza in qualcosa di reale che determina l'equivoco.

Di conseguenza si definisce distorta la coscienza che vede una corda simile a un serpente: si tratta di un'illusione. La certezza che esiste un individuo in base agli aggregati è un errore, ma risponde perfettamente al suo oggetto. Se non si riesce a cogliere la differenza, si rischia di pensare che per i filosofi prāsaṅgika gli atti buoni e cattivi non abbiano conseguenze positive o negative, perché non hanno una realtà autentica. I Prāsaṅgika mettono in luce la differenza tra un uomo visto in sogno e un essere in carne e ossa.

I Prāsaṅgika ritengono che sia necessario poter definire a livello convenzionale tutto quanto è autentico o non autentico criterio di conoscenza vera o no. Ma è assolutamente impossibile definire un criterio di conoscenza vera soltanto sulla base dell'oggetto. Bisognerà dunque ricorrere al senso comune per stabilire ciò che è vero o falso in termini di conoscenza e anche per sapere se una cosa esiste o no, se è autentica o non lo è. Per i Prāsaṅgika, quindi, tutti i fenomeni non sono che designazioni concettuali. E le designazioni concettuali non sono niente di più che designazioni concettuali.

Queste semplici designazioni concettuali sono i miei pensieri? I suoi pensieri? I pensieri degli esseri animati dell'universo? Impossibile saperlo. E il fatto stesso di dire che non sono designazioni concettuali non è altro che una designazione concettuale: non c'è via d'uscita. Ciò che esiste semplicemente «così» soltanto nel pensiero, non è nient'altro che un postulato concettuale. Allora soddisfatti dalle sole apparenze, classifichiamo i fenomeni del *saṃsāra* e del *nirvāṇa* in funzione della loro apparenza. Se volete che dia loro una definizione, vi dirò che esistono per il senso comune soltanto perché hanno un nome.

Ma quando, non soddisfatti dalla sola apparenza, si

analizza la condizione o l'esistenza reale di questi fenomeni, ci inoltriamo nell'analisi della loro verità assoluta e non si può trovare nulla. La fisica contemporanea spiega che non si può definire nulla come una realtà quando si raggiunge un livello molto sottile. Non notate una similitudine con l'approccio buddhistico della verità assoluta dei fenomeni?

Alcuni scienziati, quando analizzano gli oggetti dotati di forma, sembrano non riuscire a trovarvi nulla e avanzano l'ipotesi che questi oggetti appaiano soltanto alla mente. Ecco, ciò ricorda la visione dei Cittamātrin. Alcuni studiosi pensano che la mente esista realmente, che sia concreta.

La posizione dei Prāsaṅgika appare anche nel *Cammino del Risveglio*: come gli oggetti all'esterno, così il soggetto all'interno, entrambi sembrano non avere un'esistenza reale, ma solo convenzionale.

Per dimostrare l'irrealtà dell'io individuale mi accontenterò di citare *La Collana di Gioielli*:

«L'uomo non è terra, non è acqua,
Non è fuoco, né aria né spazio,
Né coscienza. Se non è nulla di tutto ciò
Se è altro, che cos'è l'uomo?

Se l'uomo è l'unione dei sei elementi,
Non è veramente uomo. Allo stesso modo
Se rappresenta l'unione dei sei elementi,
Non esiste per essenza».

Ora, per dimostrare la non sostanzialità dei fenomeni, ammetteremo che alcune cose esistono per essenza. Per provare che ci sono realtà indipendenti, spiegheremo che nascono da cause, che possono produrre effetti, che hanno un'essenza e che questa essenza si adatta ai loro attributi.

Al contrario, per dimostrare che una realtà non ha essenza, proveremo che essa è nata da una causa e non da sé, poiché ciò che deriva da una causa non esiste per essenza. Se il fenomeno della produzione esistesse realmente, le cose dovrebbero nascere sia da sole, sia da un'altra cosa, sia da due insieme, sia senza alcuna causa. Non vi è una quinta possibilità.

Che le cose nascano da sole o dal sé è la tesi sāṃkhya. Nel Sāṃkhya le cause e gli effetti hanno tutti la stessa natura del *pradhāna*,[11] tutti si presentano come l'espressione o la manifestazione del solo *pradhāna*. Qualunque sia la natura dell'effetto, sarà la stessa della natura della causa. Esaminando questa natura identica degli effetti e delle cause, distingueremo gli effetti manifesti dagli effetti non manifesti. Insomma al momento della causa l'effetto ha, per così dire, raggruppato tutti i suoi attributi. In questo caso, per ciò che riguarda l'oggetto, durante la fase di produzione dell'effetto, il suddetto effetto esiste già al momento della causa. Se deve nascere un'altra volta dall'inizio, questa nascita non sarà una sola. Ecco l'assurdità.

«Nascere» vuol dire apparire come una novità, qualcosa che non esisteva prima e si è costituita con l'aiuto di cause e condizioni. Se una cosa esiste già al momento della causa che la genererà, non sarà più necessario che la sua produzione appaia come una novità: l'errore è dunque in questa produzione insensata. Se ciò che è già nato dovesse nascere di nuovo, non si finirebbe più. L'idea è sbagliata quindi anche azzardando una produzione che non ha fine.

Passiamo ora a ciò che si chiama «produzione da altra causa». Per Bhāvaviveka le cose non nascono da altra causa a livello assoluto, ma a livello relativo esse nascono da cause altre, ovvero differenti da se stesse.

Quando si tratta di provare l'esistenza reale della produzione, i Prāsaṅgika parlano di «produzione» con quattro alternative. Quando si parla di qualcosa d'«altro» non è possibile ammettere che la sua alterità sia pura astrazione. Si comincia quindi a immaginare un «altro» perfettamente indipendente. Se diciamo che un effetto nasce da una causa altra, reale e indipendente, al momento dell'inseminazione il suo prodotto, il germoglio, non esiste ancora.

Se quindi si parla di un altro indipendente, considerando il germoglio un prodotto differente dal seme, avremo due fenomeni indipendenti e reali, diversi l'uno dall'altro. Potremo dire che sono diversi secondo la loro posizione reciproca. Si può solo pensare che ciò che non appartiene al presente, ma al futuro o al passato trascorso, possa essere considerato come «altro». Ma allora la differenza sarà puramente nominale, perché non può esistere qualcosa che sia altro *e* indipendente.

Dunque al momento dell'inseminazione, l'effetto prodotto non esiste, proprio perché l'uno esiste solo in rapporto all'altro e la designazione «altro» non è possibile.

Le quattro scuole di pensiero buddhistiche spiegano come, nel processo della produzione, la causa che si avvicina alla cessazione e l'effetto che si avvicina alla nascita sono simultanei. Nel momento in cui l'effetto si avvicina alla nascita, esso deve esistere. La nascita di che cosa? La nascita dell'effetto. In questa nascita dell'effetto, l'effetto è il supporto e la nascita il supportato, l'effetto è il substrato delle qualità e la nascita una qualità. Ebbene, se il supporto e il supportato esistono indipendentemente, poiché senza l'esistenza del supporto, che è l'effetto, la nascita non è possibile, se l'uno è indipendente dall'altro e viceversa, occorre che quando esiste il supportato o la nascita esista anche il supporto o l'effetto.

Nel momento in cui la causa si avvicina alla cessazione e l'effetto alla nascita, l'effetto non esiste. Non c'è dunque nascita. Così, la nascita da altro non è neanch'essa la buona soluzione. Per questo motivo l'insegnamento dice che la nascita o produzione è anch'essa insostenibile. E quindi in questo caso altrettanto insostenibili sono e l'idea di altro e l'idea di produzione.

Successivamente, analizzando l'io con l'aiuto del settuplice ragionamento,[12] è impossibile definire l'esistenza di un essere per la sua essenza. I ragionamenti sull'essere e il non essere, la produzione e la cessazione, dimostrano che se una cosa esistesse per essenza, nessuna causa potrebbe crearla. Se per essenza una cosa non può esistere, nessuna causa potrebbe produrla ed essa non potrebbe produrre nessun effetto.

Riassumendo, la «produzione interdipendente» tratta l'esistenza relativa in funzione dei legami d'interdipendenza. Il relativo e il non relativo si contrappongono e non ci sono alternative e per la produzione relativa e nell'assoluto. Ciò che esiste in modo relativo è privo di esistenza assoluta. Nessuna realtà esiste in modo assoluto.

L'essenziale è riflettere da soli secondo la propria esperienza personale e poi meditare. Le apparenze continueranno a presentarsi come hanno sempre fatto, ma se riflettendo siamo giunti a capire minimamente il modo di essere dei fenomeni, a poco a poco essi si presenteranno in modo diverso.

Così i pensieri che accompagnano il realismo ingenuo allenteranno la presa e ci avvieremo verso stati di coscienza che non sono più necessariamente condizionati dal realismo. Impregnati dell'idea di rinuncia, questi stati di coscienza condurranno alla meditazione che unisce quiete e visione superiore nella conoscenza diretta della vacuità: sono quindi le cause che porteranno al compimento della liberazione. Essi costituiscono il cammino della liberazione.

Quando con mente di Risveglio meditiamo nell'unione della quiete e della visione superiore, che conosce direttamente la non sostanzialità, possediamo l'antidoto diretto al velo cognitivo, che permette che si compia l'onniscienza. Quindi se possiamo meditare su questo stato di coscienza molto sottile designato dalla conoscenza diretta della vacuità, presto dissiperemo il velo cognitivo. Ciò dipende dalla speciale profondità dei Tantra.

Termina qui la conferenza buddhistica propriamente detta. Ho affrontato tutte queste cose nelle loro linee essenziali, in un certo senso le ho solo accennate. Io stesso non conosco molto bene questi temi. In ogni caso vale la pena di consultare i testi, così unendo ciò che avete appreso studiando all'esperienza, vi farete a poco a poco un'idea chiara di che cosa si tratta.

Per il voto della mente di Risveglio di oggi pomeriggio, dovremo rispettare i concetti di maestro e discepolo. È quindi bene che oggi vengano soltanto quelli tra voi che mi hanno esaminato con attenzione. Dovrebbero avere già dall'anno scorso una specie di carta di fedeltà. Pregherei invece gli adepti di Shoukden di non unirsi a noi.

29 aprile 1997, mattina

DOMANDE-RISPOSTE

È possibile amare senza attaccamento?

Sì. È proprio così che si deve fare. È importante capire la distinzione. L'attaccamento è pieno di parzialità.[1] È pieno di proiezioni mentali. La compassione è imparziale e ignora le proiezioni mentali.

Lei parla di emozioni che ottenebrano, ma esiste un'emozione che allontani l'ignoranza?

Esistono due tipi di emozioni. L'amore, la compassione, l'altruismo sono tutte emozioni, emozioni positive. Se ne abbiamo l'abitudine, possiamo svilupparle all'infinito. Le emozioni positive aiutano la conoscenza. Non è la stessa cosa per le emozioni negative.

Un essere che non è illuminato può condurre altri esseri al Risveglio?

Non potrà condurli fino in fondo. Istintivamente suggerirà loro come fare. Se vuole essere una guida, gli basterà ispirarsi alla sua esperienza. E anche se non ha un'esperienza completa, dirà: «Fate questo...». Peraltro è proprio il mio caso. Mi esercito un po' a cose tipo la meditazione del Risveglio, la meditazione sulla vacuità, ma non ho nessuna esperienza. Ho sfogliato i grandi testi degni di fede. «Andate in questa direzione!» dicono. «Andate in quest'altra direzione!» Si direbbe che qualcosa di buono mi hanno dato. Non so se è abbastanza.

Se non c'è ego, chi giustifica la compassione?

Si dice soltanto che non c'è io realmente esistente, tanto più che l'io non esiste come semplice nome. Non sempre viene fatta una distinzione tra qualcosa che non esiste *realmente* e qualcosa che non esiste *del tutto.* Tuttavia, quando si dice che «credere nella personalità è il trampolino[2] della buddhità», si fa riferimento al nostro vagare nel *saṃsāra.* Ebbene quando si inizia il cammino, a causa di questa convinzione che ci fa credere con forza all'esistenza reale dell'io, giustamente diciamo: «Se *mi* libero della sofferenza, se *io* raggiungo la felicità...». Questa fiducia nella personalità si ha un bel dire che sia una cosa negativa, ma i maestri hanno l'abitudine di spiegare che essa è come il trampolino che permette di raggiungere lo stato di Buddha.

Gli insegnamenti dei Mantra segreti sono dunque profondi, ma fino a quando non si sono messe insieme tutte le condizioni che permettono di meditare su questi insegnamenti, si faranno seri progressi attenendosi alla via dei Sūtra. Allo stesso modo gli insegnamenti dei Prāsaṅgika, come il fatto che nessun fenomeno esiste per essenza, sono i più profondi. Tuttavia, se non si riesce ad ammettere questo tipo di filosofia, se non è adatta alla nostra forma mentale, faremo lo stesso seri progressi attenendoci alla filosofia dei Svātantrika e a quella dei Cittamātrin.

La compassione come può nascere dalla vacuità e dal continuo luminoso della mente?

La compassione qualifica molte cose. Ci sono molti modi per capirla. Se ciò che abitualmente chiamiamo compassione è permeato della conoscenza della vacuità, credo che possiamo intravedere la fine della sofferenza. Poiché esiste un mezzo per fermare la sofferenza, colui che ne è afflitto avrà anche idea di come uscirne. Se non ci fosse alcun mezzo per liberarsi della sofferenza, penseremmo che non c'è niente da fare, anche mettendocela tutta. A quel punto saremmo disperati.

Recentemente sono stati fatti esperimenti di clonazione: qual è il karma *dei cloni? Sono dotati di coscienza?*

Se avvertono il piacere e il dolore e se hanno le percezioni, siamo obbligati a dire che essi hanno una coscienza, che hanno un *karma*. Quali atti hanno portato a un simile effetto? Soltanto l'Onnisciente può saperlo. Non è facile per noi spiegarlo. I ragionamenti sulla vacuità permettono di capire questo genere di cose. Occorre riflettere, aiutandosi con l'analisi logica della loro «vacuità». In genere nella causalità *karmica* il bene chiama il bene e il male chiama il male. Se valutiamo queste cose a poco a poco, arriveremo a una conoscenza vaga. Trovo questa domanda di una sottigliezza estrema e di una difficoltà insuperabile fin quando il velo cognitivo non si dissiperà.

Come superare un profondissimo senso di solitudine?

Qualunque sia l'origine di questo sentimento, esso

non è comunque disgiunto dal punto di vista che abbiamo sulle cose. Che si abbia una fede religiosa o no, la ragione principale di questa sensazione è che nella propria mente c'è troppo poco amore. Quando si ha troppo poco amore verso gli altri, è il proprio modo di vedere le cose che va messo sotto accusa. Pensiamo che gli altri non ci amino ed è per questo che ci sentiamo soli.

Perché rifiutare di soffrire? Non è un segno di debolezza? Non è segno che non accettiamo la vita nella sua globalità?

Se è possibile mettere fine per sempre alla sofferenza, se la terza e la quarta verità sono veritiere, vale la pena di concentrarsi sulle prime due. Se le ultime due verità sono sbagliate, ci resta solo l'alcol o il sesso, perché è perfettamente inutile rimuginare sulla propria sofferenza. Se non è possibile vincerla, è inutile continuare a pensarci. Credo che in ogni caso lo scopo della vita sia quello di essere felici.

Siamo responsabili delle nostre malattie? È colpa nostra?

Quando facciamo di tutto per prevenirle, quando abbiamo provato tutte le terapie possibili, se la malattia risulta incurabile, è bene riflettere sulla causalità *karmica*. Nel buddhismo noi siamo necessariamente responsabili, ma questo non vuol dire che dobbiamo accettare la sofferenza. Bisogna provare a risolvere la sofferenza con tutti i mezzi. Come se per liberarci di un grande dolore ne sopportassimo altri più piccoli.

Perché dobbiamo contrastare le emozioni? Non potremmo lasciare che si esauriscano da sole?

Abbiamo già parlato di questo. Ne abbiamo parlato a proposito della collera. Ma lo ribadisco ancora una volta. Ci sono alcune emozioni che è utile sradicare e ce ne sono altre che diventano più potenti, che peggiorano quando le tolleriamo.

Le persone che nascono cieche hanno una coscienza visiva? Quando si diventa ciechi e ci si sovviene di alcune immagini, si tratta di coscienza visiva o no?

Non saprei dire se si tratta di coscienza visiva. È un'immagine che si presenta alla mente. Comunque che cosa s'intende per «coscienza visiva» nel caso di un cieco dalla nascita, se questa coscienza deriva necessariamente dall'organo della vista? Potrebbe trattarsi dell'insorgere di tendenze antiche. La situazione non è la stessa se queste tendenze si manifestano oppure no. La differenza penso sia qui, nel risveglio di vecchi schemi. Dovremmo fare ricerca su questo argomento.

Si possono ricevere gli insegnamenti buddhistici, pur restando cristiani?

Io penso di sì. In primo luogo siamo cristiani e si dice che potremmo essere buddhisti. Siamo felici di avere preso rifugio nel Buddha, ma amiamo anche Gesù Cristo. Allora seguiamo ogni religione nei suoi punti specifici. Ma quando si giunge alla vacuità buddhistica, la verità assoluta presenta qualche difficoltà.

29 aprile 1997, pomeriggio

CONFERENZA

Il voto della mente di Risveglio.
La «preghiera in sette parti».

Ora vi spiegherò che cos'è il «voto della mente di Risveglio con rituale», «il voto della mente di Risveglio votiva con promessa».

Quando, con un addestramento spirituale, ci siamo esercitati alla mente di Risveglio e ne abbiamo acquisito la minima esperienza, questa si stabilizzerà se prendiamo il voto della mente di Risveglio votiva. Esistono una quantità infinita di rituali, tra cui tutti tipi di rituali della mente di Risveglio che possono essere ampliati, abbreviati o addirittura riassunti. Qualunque sia l'oggetto del rituale, io ho sempre preferito quelli che con poche parole permettono di riflettere molto. Trovo faticosi i rituali prolissi e poco profondi. Il rituale di oggi sarà dunque uno dei più ridotti.

Per prima cosa vi dirò qualcosa della mente di Risveglio.

«Produrre o generare la mente di Risveglio» vuol dire ampliare la propria mente. Fino adesso ciascuno di noi ha essenzialmente pensato a se stesso. Vuol dire ampliare la propria mente volgendola all'insieme degli esseri animati. E inoltre farci carico del bene degli altri. Rifletteremo sulla visione della vacuità che ho appena spiegato, perché dimostra che l'impurità può esaurirsi e la «verità della cessazione» è possibile. Penseremo inoltre a qualcosa che possa compiersi nel nostro continuo psichico.

Difatti, quando si pensa, sempre per il bene degli esseri, che il continuo di ciascuno possa accogliere la visione della vacuità, è possibile che le impurità del proprio continuo psichico si esauriscano e che si compia la verità della cessazione. Quando si pensa in tal modo e soltanto allora, non ci si limita soltanto a fare del proprio meglio per gli esseri, ma poiché è possibile liberarli dalla sofferenza e dalla causa della sofferenza, non c'è altro da fare che decidersi a operare nel migliore dei modi per liberarli. Procederemo quindi ricorrendo alla conoscenza trascendente, affinché cresca all'infinito la giusta produzione della mente di Risveglio.

Gli esseri animati sono innumerevoli, ma come noi, ognuno ha un solo desiderio, quello di non soffrire, di essere felice: in questo siamo tutti simili. Come noi meritiamo di liberarci della sofferenza, così tutti gli esseri animati meritano di liberarsi dalle proprie sofferenze.

Ognuno ha un modo suo di allontanare le proprie sofferenze e un modo per realizzare la felicità, ciò vale per tutti gli esseri animati. Ogni «io» è prezioso e importante, ma conta soltanto per uno di questi esseri, il cui numero è sconfinato: gli esseri animati sono infiniti. La loro grande quantità è fondamentale, così come si legge nel *Cammino del Risveglio*:

«Poiché abbiamo tutti uguale necessità di essere felici,
Quale privilegio farebbe di me l'oggetto unico dei

miei sforzi verso la felicità?
E poiché tutti temiamo
Il pericolo, la sofferenza,
Per quale privilegio avrei io solo diritto a essere protetto,
E non gli altri?».[2]

Considerato che gli altri e io stesso, abbiamo tutti uguale necessità di essere felici, Śāntideva si chiede perché lui è l'oggetto unico dei suoi sforzi in vista della felicità. Allo stesso modo, visto che nessuno di noi vuole soffrire, si chiede come può trovare il mezzo per proteggersi dalla propria sofferenza.

Ma non è tutto. C'è un legame stretto tra la nostra felicità e la nostra sofferenza e quelle degli altri. Se non ci fosse alcun rapporto tra la felicità e la sofferenza di ciascuno e la felicità e la sofferenza altrui, potremmo non pensare mai alla felicità e alla sofferenza altrui, e la felicità e la sofferenza di ciascuno risponderebbero alle proprie aspirazioni. Ma non è proprio così. C'è uno strettissimo legame tra la felicità e le sofferenze altrui e le proprie. Se gli altri sono felici, la nostra felicità sarà possibile. Se tutti sono infelici, sarà per noi difficile essere gli unici esseri felici.

Più penseremo alla felicità e alla sofferenza degli altri e più la nostra mente acquisirà forza. Pensando unicamente a noi stessi, avremo proporzionalmente più speranze e apprensioni. Proporzionalmente alle nostre speranze e apprensioni, avremo paura o proveremo grandi spaventi.

Bisogna anche amare se stessi, perché se non si ha stima di se stessi, non si potranno stimare gli altri. Occorre iniziare a volgere la propria stima verso se stessi per poi amare gli altri.

Tuttavia per quanto riguarda la stima di sé, pensare soltanto a se stessi a dispetto della felicità altrui, ciò rende infelici: se siamo soli nella vita, saremo infelici e se abbiamo una famiglia la renderemo infelice o addirittura faremo l'infelicità della società. Insomma, chi pensa esclusivamente a sé e trascura gli altri, ama solo se stesso a dispetto della felicità altrui. Questa è l'origine del problema.

Se, invece, pensiamo che il bene degli altri sia molto più grande del nostro bene, troveremo molto più coraggio dentro di noi, non avremo rimpianti, saremo soddisfatti nello spirito e per questo penseremo di servire a qualcosa, anche in privato penseremo di avere compiuto le necessità della vita e questo pensiero arrecherà felicità anche alla nostra famiglia. Ciò che è veramente utile dunque è questo stato d'animo e la stima che si manifesta agli altri amandoli e che contribuirà alla felicità generale e alla propria.

Alcuni potranno chiedersi se facendosi carico della felicità e della sofferenza altrui, pensando alla sofferenza degli altri oltre che alla propria, non si accresca la propria infelicità. Il *Cammino del Risveglio* lo nega.

Quando abbiamo noi stessi un problema e non ci sentiamo a nostro agio, quando abbiamo provato invano tutto, siamo disorientati, sconvolti, impotenti. Ma quando, per compassione, proviamo una forte ribellione di fronte alle sofferenze che torturano gli altri, non c'è più spazio per questo senso di impotenza.

Quando abbiamo acquisito coraggio e accettiamo di farci carico della sofferenza altrui, non appena pensiamo a loro e al loro dolore, proviamo un leggero malessere, ma passata la tristezza, contrariamente a prima, ci sentiamo entusiasti, pieni di coraggio.

Mi sembra che abbiamo già parlato di coloro che praticano gli insegnamenti del Buddha. Il primo insegnamento che praticano è la disciplina che consiste nel rinunciare ai dieci atti non virtuosi. Per ricordare i grandi benefici di questa pratica, dirò che chi ne trae beneficio sono gli esseri animati. Proprio perché esseri animati è vietato uccidere, rubare, abusare sessualmente, mentire, denigrare, essere brutali. Innanzitutto occorre dunque non fare male agli esseri animati e in questo caso l'oggetto «esseri animati» è una necessità: essi sono la base su cui poggia la disciplina.

Le regole della disciplina di liberazione individuale consistono tutte nel rinunciare a fare male agli altri e al fondamento di questo male. Non appena appare una vittima potenziale, occorre vietarsi di nuocergli vedendo gli inconvenienti di ogni atto nocivo come un grande male. In questo modo si procede nella disciplina di liberazione individuale.

Per quando riguarda il cammino dei bodhisattva, indispensabili sono le pratiche della generosità, della disciplina e della pazienza, la pazienza è comunque la pratica principale. Perché? Perché bisogna coltivare la mente di Risveglio sulla base dell'amore e della compassione. La meditazione sull'amore blocca inevitabilmente l'odio che è l'opposto dell'amore e la pazienza è necessaria, perché è l'antidoto alla collera. Quindi per meditare sulla pazienza ci vuole un oggetto di pazienza: il nemico.

Considerando con attenzione le cose, i nemici sono importanti quasi quanto i maestri spirituali. Non si può meditare sulla pazienza prendendo per oggetto il Buddha. La pazienza non si rivolge che ai nemici che scombussolano la mente, che fanno arrabbiare. Tutto ciò è indispensabile per avanzare nella pratica. Non dirò quindi nulla dell'immensa bontà di tutti gli esseri. È chiaro che tutti coloro che noi consideriamo nemici, coloro a cui voltiamo le spalle, ai quali vogliamo nuocere, in questo caso si mostrano particolarmente generosi con noi.

Allo stesso modo la «compassione» è tra gli aspetti più importanti e avrà come oggetto l'insieme degli esseri afflitti da miseria. La via del Piccolo e del Grande Veicolo, questa meraviglia, i molteplici insiemi di meriti che vi si possono coltivare, queste pratiche, hanno tutte per oggetto gli esseri viventi, nostre adorate madri, esse culminano nell'autentico e perfetto, nella fine di ogni difetto, nel possesso di tutte le qualità e ciò si ottiene assumendo come oggetto i nostri fratelli e le nostre sorelle in quanto esseri viventi.

Śāntideva scrive nel *Cammino del Risveglio*:

«È tramite gli esseri, come tramite i buddha,
Che si ottengono le virtù di un buddha.
Ebbene, la venerazione che si testimonia ai buddha
Viene negata agli esseri: perché questa differenza?».[3]

Per raggiungere lo stato di Buddha, bisogna contare sia sugli esseri comuni sia sugli esseri risvegliati. È un gravissimo errore venerare un buddha e trascurare gli esseri comuni. D'altronde è nel Buddha che prendiamo rifugio ed è in lui che riponiamo la nostra fiducia. Ebbene l'unica cosa che interessa al Buddha nel quale abbiamo fiducia, sono gli esseri animati. Non sarebbe quantomeno ipocrita rifugiarsi nel Buddha, ignorando quelli a cui il Buddha offre il rifugio del suo grande amore? Se amiamo veramente il Buddha, è importante non fare nulla che vada contro il suo cuore. Non è deplorevole credere nel Buddha e maltrattare, opprimere, disprezzare e ingannare gli infelici che il Buddha non fa che raccogliere con l'aiuto della compassione?

Se si trattasse di un essere comune, di un amico veramente intimo, rispetteremmo la sua sensibilità, proveremmo a evitare ciò che gli può dispiacere, ci chiederemmo se facendo questa o quella cosa, lo renderemmo triste. Quando abbiamo ad esempio un amico vegetariano, non è bello mangiare davanti a lui la carne, è come se di lui ci importasse veramente poco o niente. Se è poco corretto non tenere in considerazione un amico, che è solo un essere normale, sarà necessario tenere un po' più in conto l'opinione illuminata dei bodhisattva e dei buddha. Questo modo d'agire mi sembra sempre deplorevole. Quando si ha fede nel Buddha non è corretto considerare gli esseri «comuni» come esseri da calpestare e su cui sfogarsi. Chi è buddhista dovrebbe riflettere a lungo su ciò.

Nessun problema invece per chi pensa di assistere a una conferenza.

Parlerò ora da buddhista. Avendo così riflettuto sul Risveglio, i buddhisti dovrebbero praticare avendo fede nel Buddha e amando il Dharma, continuando a rispettare il pensiero risvegliato del Buddha.

Anche se agiamo solo per noi stessi, è in base al nostro altruismo che ciò che faremo arrecherà il benessere temporaneo e il soccorso a lungo termine. Se invece trascuriamo gli altri esseri animati perché ossessionati dal nostro bene, cadremo nella visione parziale del *nirvāṇa* di pace proprio dell'Arhat degli Uditori. Anche ciò presenta il difetto di tenere in grande considerazione se stessi. Questa mancanza è l'effetto di un assenza di stima per gli altri. In quanto praticanti, discepoli del Buddha, ci eserciteremo nelle azioni perfettamente pure del Buddha. Tra tutte le numerose azioni del Buddha quale conta di più? La mente di Risveglio, che consiste nel preferire gli altri a se stessi.

Allora insisteremo in questo senso, anche se non ci siamo ancora arrivati. L'essenziale è pensare che insisteremo anche se non ci siamo ancora riusciti.

Così si legge nel *Cammino del Risveglio*:

«Servono molte spiegazioni?
Tra colui che agisce per se stesso
E il Buddha che agisce per gli altri,
Guardate che differenza!».

Fino a oggi ci siamo deliberatamente e diligentemente preferiti agli altri; finora non abbiamo fatto che amarci disprezzando gli altri. Ed ecco il risultato. Adesso che abbiamo sentito i difetti dell'amore verso se stessi e le qualità dell'amore verso gli altri, dovremmo proprio concentrarci e ridurre la nostra autostima il più possibile, continuando a sviluppare la stima che abbiamo per gli altri, poiché, così facendo, il sole della felicità si leverà e il bene degli altri come il nostro bene saranno realizzati. Ormai possiamo sperarvi. Allora dite con me: «Ho deciso di esercitarmi sulla via aperta dai bodhisattva, figli del Vincitore, seguendo il loro esempio perfetto».

Abbiamo già parlato del «corpo assoluto per se stessi» e del «corpo formale per gli altri». Chi ha il potere di compiere il suo progetto e di consacrarsi al bene degli altri fino a compiere il loro bene ultimo? Niente da vedere «con le lezioni qua e là» di cui abbiamo parlato stamattina. Per essere capaci di fare sicuramente il bene degli altri utilizzando la propria esperienza personale, è indispensabile aver realizzato ciò che si chiama «corpo assoluto per se stessi». È necessario realizzare il corpo assoluto per compiere il bene degli altri, tramite il «corpo formale degli altri». Ecco perché bisogna pensare così: «Perché si compia facilmente il bene ultimo di tutti gli esseri animati, mie vecchie madri in numero infinito, raggiungerò io stesso la buddhità in due corpi».

Ecco quindi la causa: l'aspirazione a consacrarsi al bene degli altri è ciò che si chiama «mente di Risveglio», la forza spirituale che accompagna l'aspirazione a consacrarsi all'onniscienza. Oggi non è che un'idea artificiale e non l'autentica mente di Risveglio. Non possiamo dire che produrremo la mente di Risveglio oggi e che subito saremo dei bodhisattva.

Per generare e coltivare la mente di Risveglio, bisogna meditare, meditare ancora, meditare sempre a lungo, sostenendo la meditazione con l'accumularsi dei meriti e della saggezza e purificandosi. Se non si smette di meditare su ciò, al termine di parecchie vite, ci si arriverà forse; ma ciò può richiedere anche alcuni *kalpa*. Ma è anche possibile che occorrano solo alcuni anni.

In ogni modo, qualunque sia la via che sceglieremo, occorrerà farsene un'idea sempre più chiara. Soltanto dopo si passerà all'esperienza: dapprima le esperienze con sforzo, poi senza sforzo e infine quelle senza il minimo artificio, senza neanche la necessità di pensarci. Allora naturalmente, spontaneamente l'aspirazione al Risveglio sarà addestrata attraverso l'aspirazione a consacrarsi al bene degli altri e che si sia in grado di camminare da soli, che si sia seduti o sdraiati, al minimo pretesto ci ricorderemo della mente di Risveglio: allora soltanto la proveremo veramente. Ma ciò può arrivare solo alla fine di un duro addestramento.

Ora che abbiamo meditato sulla mente di Risveglio e che ne abbiamo un'idea chiara, reciteremo per stabilizzare questa idea, una preghiera di aspirazione inclusa in un rituale. Reciteremo la preghiera in sette parti perché si compiano accumulazioni e purificazione. Non è necessario recitare un particolare testo rituale.

In primo luogo bisogna evocare i buddha e i bodhisattva. Poi immagineremo di essere circondati dagli esseri animati infelici, il cui numero arriva ai confini dello spazio; avremo in mente la compassione e l'amore per gli esseri e avremo la fede che ispira il bene. Infine ricorderemo le qualità del corpo, della parola e della mente dei buddha e dei bodhisattva. Una volta che vi sentirete ispirati, pensate di prostrarvi umilmente ai loro piedi e rendete loro omaggio giungendo le mani.

Immaginate poi tutte le ricchezze possibili, i beni privati e tutte le cose piacevoli che non appartengono a nessuno in particolare. Pensate allora di offrire tutto ciò ai buddha e ai bodhisattva. Ma soprattutto pensate che gli atti positivi che avete accumulato con il corpo, la parola e la mente si trasformano in oggetti da offrire.

Poi dite che nonostante non volevate soffrire, finora avete accumulato molte cause di sofferenza che non sono ancora pienamente mature; con il più sincero rimpianto immaginate di avere ingerito un veleno e di confessarvelo, giurando di non commettere mai più un atto negativo.

Dopodiché meditate sulla gioia più che sul rimpianto che vi ispira il bene che avete fatto; rallegratevi poi di tutti gli atti positivi che gli altri hanno accumulato. In breve, rallegratevi dei benefici accumulati da qualsiasi essere comune fino alle qualità positive, alle azioni immacolate dei buddha: di tutto ciò rallegratevi dal profondo del cuore. Dovreste perfino rallegrarvi in modo particolare del tipo di bene che possono compiere i poveri principianti, apprezzandone gli sforzi senza la minima gelosia o rivalità nei loro confronti.

Abbiamo già parlato dei quattro corpi del Buddha ed è così che il suo corpo «di apparizione» riveste una nuova esistenza in funzione di coloro che deve convertire: compie l'atto di risvegliarsi nel Risveglio reale e perfetto; mette in moto la ruota degli insegnamenti e effettua il suo «passaggio al di là della sofferenza». Nell'infinito universo dei mondi, non appena un corpo «di apparizione» del Buddha ha compiuto l'atto del Risveglio perfetto, egli fa girare la ruota del Dharma. Immaginate allora essenzialmente dei buddha e dei bodhisattva che non hanno ancora fatto girare la ruota degli insegnamenti e supplicateli affinché si impegnino a insegnare il Dharma. È quello che si chiama «esortazione a insegnare».

Concentrandovi poi su coloro che si propongono, una volta che non hanno più esseri da convertire sotto questa o quella forma, di «passare nel *nirvāṇa*», implorateli di non passare nel *nirvāṇa*.

Pensate infine alle parti di questa preghiera, dall'omaggio alla supplica di non passare nel *nirvāṇa*, tutto ciò vi permetterà di accumulare cause di bene. Ora, tutte queste cause di bene non sono destinate a un risultato inferiore. Possono diventare la causa per cui raggiungeremo la dignità del supremo Risveglio perfetto per il bene dell'infinità degli esseri.

Non importa che non riusciate a pronunciare il testo tibetano di questa preghiera in sette parti; conviene infatti riflettere sul suo significato. Leggeremo il foglio che vi è stato distribuito.

Pensando di liberare gli esseri, prendiamo rifugio, dichiarando che, ormai e fino al Risveglio, prendiamo rifugio nel Buddha, nel Dharma e nella Comunità. Riguardo al modo di prendere rifugio, abbiamo visto che ci sono due modi: il primo consiste nel riporre le proprie speranze nei Tre Rifugi, in quanto diversi da noi. Il secondo modo non ha limiti, poiché consiste nel prendere rifugio pensando che realizzeremo da soli il nobile stato dei Tre Gioielli. La cosa più importante è chiedere rifugio ai buddha e ai bodhisattva che abbiamo di fronte per essere capaci di realizzare noi stessi i Tre Rifugi. È così che essenzialmente si prende rifugio. Bisogna prendere rifugio nei Tre Gioielli alla fine della nostra pratica della Via.[4]

Quando recitiamo:

«Praticando l'amore secondo la conoscenza
Mi sforzerò per il bene degli esseri:
Davanti ai buddha formulo
Il voto della mente di Risveglio perfetta»,

vogliamo dire che facciamo un grande sforzo per praticare la vacuità con compassione, ovvero l'amore e la bontà alla luce della conoscenza trascendente, formuliamo davanti all'assemblea dei buddha e dei bodhisattva il voto di raggiungere la buddhità per il bene di tutti gli esseri.

Quando avremo detto: «Genererò la mente di Risveglio», allora l'avremo generato. Ho già spiegato come si mantiene la visualizzazione. Pronunciando queste parole, coltiveremo con vigore questo pensiero che contiene in sé due aspirazioni. Quando insieme avremo letto tutto, concluderemo con una quartina estratta dal capitolo della «Dedica» del *Cammino verso il Risveglio*:

«Fin quando lo spazio durerà,
Possa io trovarmi
Dove sono gli esseri
Da cui allontanare la sofferenza!».[5]

Fin quando lo spazio non si sarà esaurito e soprattutto fin quando durerà questa situazione in cui gli esseri animati infelici ignorano il sollievo del benessere e non hanno né rifugio né protettore, se mi è concesso di restare con loro, anche se non posso fare nulla di speciale, ma per quanto potrò, opererò esclusivamente per realizzare ciò che è loro utile: questa è la decisione da prendere.

Recitando gli ultimi tre versi di questa stanza: «Possa io trovarmi / Dove sono gli esseri/ Da cui allontanare la sofferenza», suggelliamo, per così dire, il coraggio già acquisito. Non si tratta tanto di dire oggi, qui, davanti ai buddha e ai bodhisattva, che raggiungeremo la buddhità per il bene di tutti gli esseri, quanto di pensare che non faremo nient'altro che operare per il bene altrui e ciò «fin quando lo spazio durerà».

Nella *Collana di Gioielli* di Nāgārjuna l'elemento «spazio» costituisce il supporto e il terreno di cui godono tutti gli esseri. Allo stesso modo dovremmo pensare soltanto ad essere l'oggetto di gioia, il supporto, il terreno di tutti gli esseri animati. Dovremmo decidere che da vivi e da morti, in tutte le occasioni, non faremo altro.

Adesso quelli che riceveranno la mente di Risveglio votiva e che non hanno male alle gambe, dovrebbero posare a terra il ginocchio. Chi ha un corpo massiccio, una presenza imponente, resterà seduto, ma solido come una montagna.

Ora rilassatevi e leggete il testo nella vostra lingua tre volte. Il maestro di cerimonia leggerà una volta la preghiera per intero. Poi io presenterò il testo e lo rileggeremo.

Pensate che i buddha e i bodhisattva sono lì davanti a voi; pensate che tutti gli esseri animati vi circondano. Immaginate che i buddha e i bodhisattva sono vostri testimoni quando farete la vostra promessa per il bene di tutti gli esseri.

La seconda volta la ripeterete, con la mente riformata e dopo aver riflettuto a lungo.

La terza e ultima volta la ripeterete con quello stato mentale e con grande coraggio pensando che farete tutto affinché mai si affievolisca questo stato mentale perfetto e il pensiero buono e piacevole di essere utili agli altri.

Bene. Ora sedetevi di nuovo. Non ci sono abbastanza testi oggi. Che ciascuno legga tutti i giorni quando avrà un po' di tempo. È giusto riflettervi un po'. Anch'io ci penso sempre. Non ho una grande esperienza ma anche se si ha soltanto una piccolissima esperienza, quanto bene ci procura tutto ciò!

Si dice che in Tibet, nel paese delle Nevi, sono stati conservati tutti gli insegnamenti dei due Veicoli come pure quelli dei Tantra. Ebbene, i fondamenti di questi insegnamenti possono essere tutti ricondotti alla «mente di Risveglio». Tutti gli insegnamenti del Piccolo Veicolo sono i preliminari della pratica della mente di Risveglio. La via dei Tantra è l'azione della mente di Risveglio . Forse è un po' difficile riuscire a cogliere la visione della vacuità: sarà più facile con l'esperienza della mente di Risveglio. Ma se è più facile capire la nozione della mente di Risveglio, è più difficile farne l'esperienza. La mente di Risveglio e la visione della vacuità dovrebbero formare il fondamento della vostra pratica e della vostra stessa vita. A quel punto le prosternazioni, le circumambulazioni, le purificazioni e le offerte, che sono proprie dei Tantra, si mostreranno quali rami della pratica della mente di Risveglio. Molti tra noi sottovalutano l'essenziale per dare importanza a pratiche secondarie. Ciò non è corretto.

Siete venuti da lontano, ma vi prego di concedermi ancora qualche minuto. Vorrei aggiungere ancora qualcosa...

Ci sono domande? Se ce ne sono, vi prego di leggerle.

29 aprile 1997, pomeriggio

DOMANDE-RISPOSTE

Perché la mente viene definita luminosa?

In tibetano la parola «coscienza» designa ciò che conosce il suo oggetto. Su quale atto l'individuo si basa per «conoscere»? Su un atto di coscienza. Il fatto di conoscere il proprio oggetto non è una creazione condizionata, ma la natura stessa della coscienza. La chiara luce, nell'espressione «chiara luce originaria innata» costituisce la base saliente della via e del frutto; forse proprio per questo il Buddha ha parlato di «chiara luce». Ciò che permette di eliminare l'ignoranza è riassunto in una sola parola.

Se non esistiamo come sé indipendenti, come possiamo prendere una decisione qualsiasi?

Come ho già detto stamattina, il problema deriva dal fatto che non riusciamo a distinguere tra esistere e esistere realmente, tra non esistere e non esistere realmente. Ne abbiamo già parlato.

Che cosa pensa dell'eutanasia e dell'aborto?

È meglio lasciare che la vecchiaia e la malattia pongano fine alla vita. Praticare l'eutanasia vuol dire rubare la vita. Bisogna, però, pesare il pro e il contro a seconda della necessità del momento. La stessa cosa per l'aborto. In genere ciò vuol dire uccidere. Meglio evitarlo. Ma anche in questo caso bisogna valutare il pro e il contro.

Se non abbiamo il minimo attaccamento, perché dovremmo muoverci, agire?

Ne ho parlato stamattina. Facciamo l'esempio di una coscienza che coglie i fiori. Essa può coglierli, primo, credendo che siano reali, secondo, senza fare la differenza tra realtà e irrealtà e terzo, giudicandoli irreali. Non è detto che tutti i modi di cogliere gli oggetti presentino un difetto. Non vi è difetto neanche nelle percezioni: afferrare il buono come buono e la sofferenza come sofferenza, ecco ciò che accade anche a livello del Buddha. Di conseguenza le qualità dei Buddha sono queste: onniscienza che conosce direttamente il «come» delle cose, la loro essenza, e onniscienza che conosce direttamente il «quanto» delle cose, ovvero tutte le differenti cose. Ci sono centoquarantasei saggezze nella buddhità. È impossibile che il Buddha non veda niente o che non possa vedere niente.

Si può avere come maestro spirituale un maestro che non è più in vita?

Certo che si può. Se era un maestro, continua a esserlo anche adesso. Se l'esperienza e la realizzazione personale continuano a divenire più profonde, si finirà per incontrare il corpo «di saggezza» del maestro.

Il buddhismo è una filosofia o una religione?

Entrambe le cose. Alcuni parlano di «scienza dello spirito».

Lei pensa che la psicologia possa aiutare la pratica del buddhismo in Occidente?

Ci sono convergenze e divergenze. In generale penso che la psicologia occidentale abbia come oggetto soltanto le attività mentali di questa vita. Non si attiene che a questa vita e non parla mai delle abitudini ereditate dalle vite precedenti. C'è una differenza sostanziale. Essa cerca una spiegazione solo sulla base delle fluttuazioni del corpo. E talvolta si trova in grave difficoltà quando non riesce a darsi una spiegazione. Quando la psicologia spiega l'insorgere dei diversi contenuti del pensiero è solo in funzione delle esperienze di questa vita come una cosa si produce o una cosa accade. Inoltre immagina che è possibile dare una spiegazione a tutto attraverso l'analisi del comportamento fisico. Ma non riesce a spiegarsi ciò che naturalmente ritiene di essere in grado di spiegare.

Molti stati d'animo, secondo la spiegazione buddhistica si presentano quando si risvegliano antiche propensioni acquisite durante le vite precedenti. Questi stati d'animo non sono quindi attinenti soltanto alla vita presente, poiché sono il risveglio di abitudini precedenti. È difficile spiegare questi stati mentali riflesso di antiche propensioni, solo con l'aiuto delle circostanze esterne e interne di questa vita. Chi pratica la parapsicologia dovrebbe attenersi a questa teoria.

Comunque la scienza ha dei limiti. Possiamo spiegare tutti i fenomeni dentro questi limiti? È difficile dare una risposta. I fenomeni non sono tutti dentro questi limiti.

Finora, quindi, la scienza si è «limitata» essenzialmente a calcolare e a misurare. Quando a poco a poco la scienza si aprirà maggiormente, penso che anche il suo oggetto sarà più ampio.

Gesù ha vissuto dopo il Buddha. Possiamo allora vedere in lui una manifestazione del Buddha primordiale?

Ecco che cosa ne pensano i buddhisti. Coloro che istruiscono il mondo, esseri santi utili a milioni di esseri che essi vogliono aiutare, sono manifestazioni primarie e secondarie dei buddha e dei bodhisattva. È possibile dire così, anzi aggiungerei: dobbiamo dirlo.

Le nostre decisioni e le nostre scelte sono prodotti del karma*?*

Si parla di «azione analoga alla sua causa». Abbiamo già accennato stamattina a questo argomento. Quando nella vita precedente si è acquisita l'abitudine a uccidere, nella successiva reincarnazione si è naturalmente portati a commettere atti analoghi alla loro causa, a uccidere insetti e altri esseri animati. Diremo che la decisione di uccidere è l'effetto di un'abitudine acquisita nella vita precedente. Non saprei dire se in linea di massima le emozioni negative derivano dal *karma.* Ne abbiamo parlato, ma non saprei dire se anche questa decisione è influenzata dal *karma.*

Ancora una domanda, per favore e poi basta.

Che cosa pensa della follia di chi ha perso il senso dell'analisi?

Se mi chiedete perché si può diventare pazzi, ci vuole

un parere medico. Parlerò invece del *karma*. Si dice che in genere ci sono cause e condizioni. Bisogna distinguere tra causa principale e cause secondarie o condizioni temporanee. Nel campo delle cause dunque il *karma* è più forte. Per quanto riguarda le condizioni ce ne sono di tre tipi, anch'essi condizionati dai diversi cambiamenti subitanei. Ma l'insorgere delle condizioni risponde al *karma*. Tuttavia qualunque sia il *karma* del momento, che può essere positivo o negativo, è a questo *karma* che risponderanno le condizioni.

CONCLUSIONE

Vi ringrazio. Sono molto contento che questa terza occasione di creare un legame spirituale tra noi - grazie a questa riunione qui in Francia - sia andata bene. Vorrei ringraziarvi di ciò e dire a tutti voi, come ho già detto, che è importante che ciascuno sorvegli la propria mente. Se siete religiosi, siate anche buoni praticanti. Esaminate attentamente le cose e se agite contro la vostra religione, osservate il vostro animo con memoria, vigilanza e attenzione cercate di porvi fine: sforzatevi di trattenervi. Credo che l'autodisciplina sia primordiale.

Se non avete una religione, osservatevi con attenzione. Quando vedete che state per fare del male agli altri, trattenetevi. Se vi capita di essere utile agli altri durante la vita, lo scopo di questa riunione è stato raggiunto.

Non sono venuto qui per divertirmi né per raccontarvi fandonie. Anch'io cerco la felicità dell'animo. E anche voi lo cercate. Allora che cosa abbiamo fatto? Ci siamo riuniti per riflettere su come conoscere la felicità della mente.

Bene, ora vi dico arrivederci. Penso che sicuramente ci rivedremo. In ogni caso, che ci si incontri nuovamente o meno, dovremo condurre una vita costruttiva. Dobbiamo avere compassione. La vita non deve essere qualcosa da distruggere. Questo è l'essenziale.

NOTE

26 aprile 1997, mattina: conferenza

1. Gli dèi (in sanscrito *deva*, in tibetano* *lha*) formano una delle cinque o sei sfere di esistenza del *saṃsāra*. Il mondo degli dèi è una sfera di apparenza, dominata e condizionata dal veleno spirituale dell'orgoglio. I dragoni (*nāga*, *klu*) assomigliano ai serpenti e appartengono alla sfera degli animali; essi dominano l'elemento acqua e le ricchezze sotterranee. I mangiatori di profumo (*gandharva*, *driza*) indicano qui i celesti cantori e i musici del mondo del Desiderio.

2. I tre mondi (*triloka*, *khams-gsum*) indicano l'insieme del *saṃsāra*, dal più grossolano al più sottile: il mondo del Desiderio, il mondo della Forma e il mondo del Senza Forma. Le sei classi di esseri (*ṣadgati*, *'gro-drug*), prigionieri del saṃsāra, si suddividono in rinascite superiori: dèi, semidèi e uomini; e in rinascite inferiori: animali, preta (spiriti frustrati) e mondi infernali. Si veda Patrul Rinpoché, *Le Chemin de la Grande Perfection*, Padmakara, 2ª ed., 1997, cap. III, pp. 101-145. Le quattro nascite (*caturyoni*, *skye-gnas bzhi*): gli esseri dotati di un «corpo» possono nascere da una matrice, come gli uomini; da un uovo, come gli uccelli; per miracolo, come gli dèi; e dall'umidità, come alcuni insetti.

3. Ovvero del «buddhismo», o degli insegnamenti del Buddha e dei grandi maestri.

4. Esattamente a Sarnath.

5. *Pañcabhadrapariṣadyā*, *'khor lnga-sde bzang-po*: i cinque compagni d'ascesi di Siddhārtha Gautama, i primi che egli istruì e ordinò.

6. Ovvero gli insegnamenti che permettono di percorrere la Via, in altre parole di praticare.

7. In senso proprio, i discepoli diretti del Buddha. In altre parole i mistici che, avendo ascoltato le istruzioni del maestro, le mettono in pratica e le trasmettono agli altri.

8. I mistici che non hanno un maestro e praticano nella solitudine e all'insaputa di tutti.

* Il sanscrito e il tibetano verranno sempre scritti in questo ordine.

9. Mistici che hanno pronunciato il voto della mente di Risveglio suprema e che sono adepti della vacuità con compassione.

10. Qui utilizzati come «formule segrete» (*guhyamantra, gsangsngags*), pratica della straordinaria unione dei metodi e della conoscenza. Cfr. *inf.*

11. Questi «ausili» designano le pratiche che permettono di raggiungere il Risveglio. Cfr. glossario.

12. Oppure *pāramitā*: le sei virtù trascendenti indicano la generosità, la disciplina, la pazienza, il coraggio, la concentrazione e la conoscenza. Queste virtù sono trascendenti nella misura in cui il bodhisattva le pratica alla luce della conoscenza diretta della vacuità.

13. Il Buddha nacque nel clan dei Śākya, della casta dei guerrieri (*kṣatriya*) e divenne l'asceta più importante del proprio clan.

14. L'attuale Bodh-Gayā in India, nello stato del Bihār.

15. La seconda delle cinque vie che permettono di raggiungere gradualmente il Risveglio totale secondo il Grande Veicolo. Ultima preparazione alla via detta della «visione» dove la non sostanzialità generale è percepita pienamente.

16. *Vajropamasamādhi, rdo-rje lta-bu'i ting-nge-'dzin*: indistruttibile e irresistibile come il diamante, questo raccoglimento mette fine a tutte le impurità e come una via «che più nulla ostacola» (*bar-chad med lam*), porta al Risveglio, del Piccolo o Grande Veicolo, a seconda della visione adottata nella pratica.

17. *Nirmāṇakāya, sprul-sku*: manifestazione del Risveglio, destinata a convertire gli esseri il cui *karma* è ancora impuro. Questo corpo è detto «supremo», quando designa un essere come il Buddha o la reincarnazione di un maestro che ha raggiunto la perfezione.

18. Questo argomento sarà ampiamente trattato in seguito.

19. Questa inesistenza indica ciò che si chiama «non sostanzialità» o «vacuità» grossolana. Cfr. *inf.*

20. *Nairātmya, bdag-med.* La sostanza designa ciò che è in sé e per sé. E sostanziale è tutto ciò che è causa di se stesso e quindi sussiste indipendentemente da qualsiasi altra cosa. Ciò che non è né causa di se stesso né autosufficiente è detto non sostanziale. La parola non sostanzialità qualifica quindi l'essenza di tutto ciò che non è sostanza nel senso strettamente filosofico che abbiamo appena visto.

21. *Daśabhūmi, sa-bcu*: i livelli spirituali che i bodhisattva superano quando praticano le vie della visione e della meditazione per arrivare al Risveglio autentico e perfetto.

22. I metodi sono le stesse virtù, mentre la conoscenza designa la purezza o vacuità del soggetto, dell'oggetto e del beneficiario di questo o quell'atto positivo.

23. La profondità designa la vacuità e la vastità, i metodi di Risveglio appropriati.

24. Il Buddha pronunciò tre cicli d'insegnamento: 1. Le Quattro Nobili Verità; 2. La vacuità; 3. La chiara luce; e infine i Tantra.

25. La *prajñāpāramitā* (*shes-rab-kyi pha-rol-tu phyin-pa*) designa la conoscenza diretta o «realizzazione» della vacuità.

26. *Mahāyāna-Uttaratantra-Śāstra* di Asaṅga. Tradotto ancora «Continuo insuperabile». Cfr. *inf.* e glossario

27. *Tathāgatagarbha-sūtra.*

28. *Prabhāsvara, 'od-gsal*: la «luminosità» appare nei tre cicli, ma è esposta in modo esaustivo solo nel terzo ciclo. Il Piccolo Veicolo la conosce, come dimostra questa citazione dell'*Aṅguttaranikāya* I: «Chiara luce è questa mente che talvolta può essere sporcata dalle emozioni negative momentanee, da cui peraltro è libera».Cfr. Lamotte, *L'Enseignement de Vimalakīrti*, Bibliothèque du Muséon, vol. LI, Louvain,1962, p. 52. Il Grande Veicolo delle Trascendenze: «La mente? La mente non esiste realmente. La chiara luce è l'essenza della mente». Questa dichiarazione appare fin dall'inizio del *Sūtra della Conoscenza Trascendente in ottomila stanze.*

29. Ovvero la conoscenza trascendente sotto il suo aspetto primordiale, così la descrivono i Sūtra del terzo ciclo, come il *Sūtra della Discesa a Laṅka* (*Laṅkāvatārasūtra*): la stessa sostanza delle «qualità» del corpo assoluto del Risveglio, il non-nulla della chiara vacuità.

30. Il velo delle emozioni negative e il velo dell'ignoranza che oscurano entrambi la saggezza primordiale.

31. *Śākyasiṃha, Śākya Seng-ge*: nome del Buddha i cui insegnamenti, simili ai ruggiti del leone, «spaventano le cattive bestie eretiche».

32. In tibetano, *bskal-pa*: era, periodo cosmico. Un grande *kalpa* corrisponde al ciclo della formazione, della durata e della scomparsa di un universo. Esso si divide in ottanta piccoli *kal-*

pa. I *kalpa* intermediari sono composti da un piccolo *kalpa*, durante il quale la durata della vita aumenta, e da un altro piccolo *kalpa*, durante il quale la durata della vita diminuisce. Riguardo ai grandi *kalpa* smisurati, essi designano «il tempo che dura un numero enorme di *kalpa*» (dieci alla cinquantanovesima potenza). Si veda Vasubandhu, *Abhidharmakośa* (*Tesoro della Scolastica*), trad. La Vallée Poussin/Lamotte, Bruxelles, Institut belge des hautes études chinoises, «Mélanges chinois et bouddiques», vol. XVI, II, p. 188, n. 1.

33. Di meriti e di saggezza.

34. *Piṭaka, sde-snod*: noi diremmo «biblioteca», se non addirittura «letteratura».

35. I due, i tre e i quattro corpi del Buddha saranno ampiamente spiegati dopo.

36. Il Veicolo delle Trascendenze e i veicoli inferiori sono «causali»; il Veicolo di Diamante è «il risultante» poiché la sua pratica è la stessa attività della buddhità e non ciò che conduce alla buddhità.

37. *Guhyamantra-vajrayāna, gsang-sngags rdo-rje'i theg-pa.*

38. In tutto il testo «modo» è molto spesso sinonimo di «modo di essere o di esistere».

39. *Tathatā, de-bzhin-nyid*: la semplicità del reale in tutta la sua evidenza.

40. È il senso letterale del termine tibetano *drang-don*, dove *drang* è il futuro del verbo «'dren», guidare, ecc.

41. *Bodhicitta, byang-chub-kyi sems*: la forza spirituale che accompagna il voto di raggiungere il Grande Risveglio per il bene di tutti gli esseri animati, come pure la pratica stessa delle virtù trascendenti che conducono alla onniscienza.

42. L'atto buono porta felicità; l'atto nocivo porta la sofferenza. Il *karma* non è la causalità, che dipende dalla natura delle cose, ma è il suo effetto rispetto alla mente: si riferisce piuttosto all'intenzione che ispira l'atto.

43. L'onniscienza non è una conoscenza enciclopedica, una supermemoria, ecc., ma la realizzazione della vacuità di ogni cosa e la conoscenza degli attributi o delle peculiarità di ogni cosa.

44. *Bye-brag smra-ba*: adepti del Piccolo Veicolo che ammettono l'esistenza reale degli oggetti presenti, passati e futuri. Questo nome deriva da *vibhāṣā*, termine sanscrito che designa

le prime enciclopedie del buddhismo, dove troviamo una sistematizzazione e una discussione dialogata di tutti i temi affrontati dal Buddha nei Sūtra.

45. *mDo-sde-pa*: adepti del Piccolo Veicolo che, facendo riferimento ai Sūtra (e non ai loro commenti), ammettono l'esistenza reale della coscienza e dei suoi oggetti.

46. *dbU-ma-pa*: adepti del Grande Veicolo che ammettono l'unione delle due verità fondamentali oltre gli estremi dell'eternalismo e del nichilismo.

47. *Sems-tsam-pa*: adepti del Grande Veicolo per i quali la mente esiste realmente, mentre i suoi oggetti sono solo fantasmi.

48. Vere per i buddhisti, ma non necessariamente per gli altri.

49. Quelli che descrivono la vacuità universale.

50. Col senso di «vasto».

51. Nello stesso enunciato delle Quattro Verità.

52. Durante lo «*yoga* del corpo» della fase della creazione. Cfr. *inf.*

53. In breve, la visione del corpo dell'uomo o della donna che ispira il desiderio e l'attaccamento non nella sua apparente bellezza, ma come una sacca di pelle piena di viscere e di cose ripugnanti.

54. Oppure rimedio, ostacolo, ecc.

55. La sua verità assoluta.

56. In qualche modo, quale etica ispira.

57. *Tīrthika*, *mu-steg-pa*: filosofi e mistici che credono all'essere eterno o al nulla.

58. In sanscrito mādhyamika quando si tratta della filosofia e madhyamaka quando si tratta della «quiddità» (*tathatā*).

59. *kLu-sgrub*: uno dei Sei Ornamenti del Mondo. Per la tradizione il Grande Maestro nacque in una famiglia di bramini del sud dell'India, quattrocento anni dopo il *parinirvāṇa* del Buddha Śākyamuni. Ancora adolescente, giunse alla conoscenza perfetta del senso fondamentale dei Sūtra e dei Tantra. Fu il grande essere illuminato Saraha a conferirgli i voti di monaco all'università buddhista di Nālanda. Autore di tanti trattati sul pensiero ultimo del Buddha, soprattutto sul senso vero e proprio della conoscenza trascendente e della Via di Mezzo, Nāgārjuna non trascurò neanche la medicina, l'alchimia e la politica. Tra i suoi innumerevoli discepoli vi furono Āryadeva e

Buddhapālita, saggi illuminati. Edificò templi e monumenti funerari. Sembra che le sue attività fossero tantissime. La tradizione vuole che abbia vissuto seicento anni, quindi fino al V secolo della nostra era. La scuola nyingmapa del buddhismo tibetano sostiene che visse fino al X secolo.

60. *Sangs-rgyas-bskyangs*: maestro indiano mādhyamika. Autore di un grande commento al *Trattato Fondamentale* di Nāgārjuna, di cui sistematizzò tutti gli argomenti. Divenne così il precursore della scuola prāsaṅgika, la cui filosofia è la più sottile e la più eletta delle quattro scuole di pensiero buddhistiche.

61. *Zla-ba grags-pa*: grande Mādhyamika del VII secolo della nostra era. Abate o rettore dell'università di Nālanda, si prestò a esplicitare meglio il linguaggio e il senso della Via di Mezzo. Candrakīrti riprese le idee di Buddhapālita e si può dire che fu il fondatore della scuola mādhyamika-prāsaṅgika. La sua *Introduzione alla Via di Mezzo* (*Madhyamakāvatāra*) mostra la perfetta armonia degli insegnamenti sulla vacuità e la chiara luce.

62. I cinque organi di senso, così come li conosciamo, a cui si aggiunge il «mentale» (*manas*, *yid*). Ogni percezione sensoriale è il risultato della coincidenza di tre fenomeni: l'oggetto di questo o quel senso, l'organo che gli corrisponde e la coscienza che illumina e conosce la percezione.

63. Visiva, uditiva, olfattiva, gustativa, tattile e mentale.

64. «Che ne è» si chiedeva Heidegger (per esempio) «dell'essere dell'ente?»

65. *Thal-'gyur-pa*: gli adepti del prasaṅga (cfr. *inf.*) costituiscono la scuola più eletta e anche più radicale del Mādhyamika.

66. *Satyadvaja-vibhāga*, letteralmente «Distinzione delle due verità».

67. *Rang-rgyud-pa*: gli Svātantrika, veri Mādhyamika, che ammettono l'esistenza oggettiva a livello della verità convenzionale.

68. *Ye-shes snying-po*: maestro indiano del VII-VIII secolo.

69. *Abhisamayālaṃkara*, *mNgon-rtogs rgyan*.

70. *Thogs-med*: uno dei Sei Ornamenti del Mondo. IV secolo della nostra era. Devoto illuminato di Maitreya, che lo istruì sulla realizzazione progressiva del senso nascosto dei Sūtra del Grande Veicolo, che Asaṅga trascrisse nei suoi cinque celebri trattati. È considerato il fondatore della scuola cittamātra.

71. I Tre Gioielli: il Buddha, il Dharma e il Saṅgha. Cfr. *inf.*

72. *Mūla-madhyamaka-vṛtti Prasannapadā*, commentario al *Trattato Fondamentale* di Nāgārjuna.

26 aprile 1997, pomeriggio: conferenza

1. *Byams-pa*: bodhisattva che incarna l'amore e la benevolenza. Attualmente risiede nei cieli dei Tuṣita, da dove discenderà per succedere a Śākyamuni, diventando così il quinto buddha dell'Era Buona.

2. *Skandha, phung-po*: i cinque aggregati indicano grossomodo il corpo (1) e la mente (2-5) dell'individuo.

26 aprile 1997, pomeriggio: domande-risposte

1. Non ha importanza l'aspetto esteriore del maestro: le sue parole contano molto di più. Non le parole che pronuncia, ma il loro senso; non il loro senso provvisorio, ma il loro significato ultimo; e a ben ascoltarlo non si tratterà più di coscienza dualista, ma dell'onnisciente e discorsiva saggezza.

2. *dbYig-gnyen*: uno dei Sei Ornamenti del Mondo. Fratello di Asaṅga e autore del *Tesoro della Scolastica*. Prima discepolo del maestro del Kashmir Saṃghabhadra, abbandona poi il pensiero del Piccolo Veicolo per seguire la scuola del fratello. Tra i suoi discepoli il logico Dinnāga, lo scolastico Sthiramati, ecc.

3. La collezione dei *Sūtra*, dei testi scolastici (*abhidharma*) e delle regole di disciplina (*vinaya*).

4. *Legs-ldan-'byed*: maestro indiano autore de *La Collana di Luce della Conoscenza Trascendente*, dove espone le tesi della scuola Mādhyamika-Svātantrika, di cui è ritenuto il fondatore. Cfr. *inf.*

5. *Tarkajvālā*, commentario alla sua *Quintessenza della Via di Mezzo* (Madhyamaka-hṛdaya).

6. *'Jam-pa'i dbYangs*, o Mañjuśrī (*'Jam-pa'i dPal*) impersona la conoscenza trascendente. Con Maitreya ecc. è uno degli otto bodhisattva che circondano il Buddha Śākyamuni.

7. *'Khor-ba*: il circolo vizioso delle morti e delle rinascite. E *mya-ngan-las 'das-pa*: l'aldilà della sofferenza.

8. *Mokṣa, thar-pa*: la liberazione dalla sofferenza determinata dall'ignoranza primordiale. Cfr. *inf.*

9. Il «vuoto» nel senso metafisico e mistico.

10. Sua Santità proseguirà l'indomani mattina, dopo la conferenza, e prima delle domande, spiegando i quattro criteri di verità o di «conoscenza vera» (*pramāṇa, tshad ma*), definiti dai Sakyapa nel loro sistema «della Via e del Frutto» (*lam 'bras*).

27 aprile 1997, mattina: conferenza

1. La non violenza (*ahiṃsā, mi-'tshe-ba*) si pratica nel vegetarianismo, ecc. La produzione interdipendente (*pratītyasamutpāda, rten-'byung*) è un altro nome della vacuità.

2. *Manovijñāna.*

3. Cittamātrin.

4. *Ālayavijñāna.*

5. *Kliṣṭa-manovijñāna.*

6. In tibetano, *tshogs-brgyad*: le cinque coscienze sensoriali, alle quali vanno aggiunte la coscienza mentale, la coscienza mentale insudiciata dalle emozioni negative e la coscienza fondamentale.

7. *Vajrāvalī.*

8. In tibetano, *gSang-ba 'dus-pa*: uno dei Tantra, «padre» dei Tantra Insuperabili.

9. *Pudgala*, sinonimo di «sé».

10. Cfr. «29 aprile 1997, mattina - Conferenza», n. 12, sul settuplice ragionamento.

11. *Upādāna, nye-bar len-pa*: elemento della produzione interdipendente che perpetua il nostro continuo psichico ininterrottamente e ci costringe a credere che per noi non c'è niente di meglio.

12. Si noterà, per esempio, il potere della definizione «Anno 2000», la cui relatività è assoluta, ma che risveglia nella maggior parte delle persone l'emozione del millennio.

13. Letteralmente «Tantra dello Yoga insuperabile», *Anuttara-yoga-tantra* (*bla-na med-pa'i rnal-'byor-gyi rgyud*). Le pratiche dei Tantra si suddividono in 1. *kriyā*, che si basa soprattutto sulle attività rituali; 2. *caryā*, dove queste stesse attività si combinano con lo stato naturale della deità; 3. *yoga*, in cui questo stato naturale è condiviso dalla deità; e 4. *anuttara* («insuperabile»), in cui lo stato naturale della deità e quello dell'adepto

non sono mai stati considerati due cose distinte. L'*anuttara* si divide in padre, madre e né padre né madre, in altre parole in *mahā*, dove si pone in evidenza la fase della creazione; *anu*, in cui si pone in evidenza la fase di perfezione; e *ati* o «Grande Perfezione» (*rdzogs-pa chen-po*).

14. Cfr. Lati Rinpoché e J. Hopkins, *La Mort, l'état intermédiaire et la renaissance dans le bouddhisme tibétain*, Dharma, 1980, pp. 44-46; Patrul Rinpoché, *op. cit.*, pp. 416-417.

15. *Vāsanā, bag-chags.*

16. In tibetano, *gsal-tsam rig-tsam.*

17. Costituisce l'oggetto della distinzione in *saṃsāra* e *nirvāṇa.* Cfr. l'«Exorde» del *Précieux Ornement de la Libération* di Gampopa.

18. In tibetano, *gsog-pa*: «registrare» più che il solito «accumulare», perché esistono degli atti eseguiti ma non registrati (*byas-la mabsags-pa*) che non avranno alcun effetto in seguito.

19. L'*Abhidharmakośa* di Vasubandhu. Cfr. *sup.*, n. 32.

20. *Madhyamakāvatāra* di Candrakīrti, che è alla base del *Trattato Fondamentale* di Nāgārjuna.

21. In tibetano, *nam mkha'i rdul.* Cfr. *inf.*

22. Un universo non può emergere spontaneamente, bisogna cercarne la causa nell'universo precedente.

23. Che costituiscono la «materia».

24. Oppure: il reale (*dharmatā, chos-nyid*).

25. *Śūnyatā-saptati-kārikā.*

26. Il Buddha Śākyamuni.

27. Della produzione interdipendente: ignoranza, composizione *karmica*, coscienza, nome e forma, fonti della percezione, contatto, sensazioni, sete, attaccamento, esistenza, nascita, vecchiaia e morte.

28. Nel suo dizionario filosofico Lalande spiega che il realismo ingenuo è «una credenza del senso comune che ammette acriticamente l'esistenza di un mondo di oggetti materiali e di soggetti coscienti, con i quali la conoscenza è in un rapporto non ben definito, e concepito sia come la diretta percezione delle cose o degli esseri diversi dal soggetto sia come un rapporto similare a quello che un modello ha con il proprio ritratto».

29. Una delle quattro grandi scuole di pratica del buddhismo tibetano.

30. I due criteri *universali* della conoscenza vera sono la percezione sensoriale diretta e il ragionamento deduttivo.

31. Beninteso per il buddhismo sakyapa.

32. La pratica comincia con la comprensione intellettuale (*go-ba*), si approfondisce nell'esperienza meditativa (*nyams-myong*) del gaudio, della chiarezza e/o del non-pensiero; si stabilizza nella realizzazione (*rtogs-pa*) e culmina nella liberazione (*grol-ba*).

33. *Saṃtāna, rgyud*: la mente e il corpo sono costituiti da particelle materiali e da istanti di coscienza la cui combinazione e la successione ininterrotte formano un fascio che, come un fiume, sembra costituire un'unità e che noi crediamo reale o sostanziale, così come si presenta a un osservatore superficiale.

34. *Abhiṣeka, dbang-bskur*, che rivela la perfezione dei nostri corpi, della nostra parola, mente, qualità e attività. Le «manifestazioni della saggezza» designano quindi tutte le esperienze e le realizzazioni possibili.

35. Il vero nome del Buddha era Gautama Siddhārtha.

36. Dharma (*chos*) designa sia gli insegnamenti sia le realtà o fenomeni.

37. Estremiste, ovvero basate sull'assoluto dell'essere o del nulla.

27 aprile 1997, mattina: domande-risposte

1. Sua Santità ha utilizzato l'espressione inglese *individual identity*.

2. Letteralmente «maturazione» (*vipāka, rnam-smin*).

3. *bLo-sbyong*: pratiche dello scambio, dell'uguaglianza, ecc. Cfr. 27 aprile 1997, pomeriggio. Domande-Risposte n. 12.

4. *Bodhicaryāvatāra, Byang-chub sems-dpa'i spyod-pa-la 'jug-pa*: opera maggiore di Śāntideva. Il più grande poema mādhyamika-prāsaṅgika. Traduzione francese, Padmakara, 2ª ed., 1992. Oppure *Vivre en héros pour l'Eveil*, trad. G. Driessen, Paris, Seuil, Points-Sagesse, 1993.

5. Śamatha, «calma mentale», pratica della concentrazione.

6. La «confessione» si basa su quattro forze: il sostegno, il rimpianto, la risoluzione e la condotta. Cfr. Patrul Rinpoché, *op. cit.*, cap. III.

27 aprile 1997, pomeriggio: conferenza

1. Altra traduzione di *vāsanā, bag-chags*, «schema abituale».
2. Per la differenza essenziale tra l'io filosofico o «sé concettuale» e il sentimento dell'io o «sé innato», si veda Padmakara, *Comprendre la vacuité*, 1993, pp. 45-55 e 163-176.
3. In sanscrito *antarābhava.*
4. Si veda Patrul Rinpoché, *op. cit.* «Le transfert», pp. 415-416; Lati R. e Hopkins, *op. cit.*, «Les étapes de la mort», p. 33 sgg. Inoltre le diverse traduzioni del «Libro dei morti» (*Bar-do-thos-grol*).
5. In altre parole, l'apparenza, la crescita, il vicino ottenimento e la chiara luce, esperienze descritte in Lati R. e Hopkins, *op. cit.*, pp. 43-54; e sotto i nomi di «chiarezza», «crescita», «ottenimento» e «chiara luce dell'istante fondamentale» in Patrul Rinpoché, *op. cit.*, pp. 416-417.
6. Uno dei tutori di Sua Santità.
7. Sede del governo tibetano in esilio nella valle di Kangra, Himachal Pradesh, India.
8. Il corpo e la coscienza legata a quel corpo.
9. Questo ha due effetti conformi alla loro causa, uno attivo e l'altro passivo. Cfr. Patrul Rinpoché, *op. cit.*, p.157 sgg.
10. *Abhidharma-samuccaya* di Asaṅga.
11. Sono tre dei sei insegnamenti di Nāropa. Gli altri tre sono il calore interiore, il corpo illusorio e il trapasso della coscienza. Cfr. Chögyam Trungpa, *Jeu d'illusion, vie et enseignement de Naropa*, Paris, Seuil, Points-Sagesse, 1997.
12. «Concepiti con fecondazione in vitro».
13. A partire dalla pecora Dolly.
14. Clonazione.
15. *Āyuṣmān-Nanda-Garbhāvakrānti-nirdeśa.*
16. *Prajñā-nāma Mūlamādhyamikakārikā*, XVIII, 5.
17. «*Karma-kleṣa-kṣayān mokṣaḥ karma-kleṣā vikalpataḥ te prapañcāt...*»
18. «*... prapañcas tu śūnyatāyām nirudhyate.*»
19. *Śūnyatāyām*: locativo di *śūnyatā.*
20. O sostanzialismo, che attribuisce l'essere assoluto ad alcuni oggetti.
21. Si veda Hopkins, *Meditation on Emptiness*, Londra, Wisdom, 1983, pp. 96-97.

27 aprile 1997, pomeriggio: domande-risposte

1. «Prendere rifugio» oppure «rifugiarsi» nei Tre Gioielli.
2. Se le cose sono (inter)dipendenti, esse non esistono in sé e quindi sono vuote.
3. Come in un certo buddhismo occidentale. È bene rimarcare come in questo mondo la maggior parte dei credenti ammetta la molteplicità delle vite dello stesso individuo.
4. Poiché mostra l'essenza reale dell'oggetto analizzato.
5. Non solo visivo, naturalmente. In tibetano e nel suo senso profondo «apparenza» (*snang-ba*) è sinonimo di «percezione», «oggetto percepito».
6. *Vastusaṃgraha*, in tibetano, *gZhi bsdu ba.*
7. *Bhūmivastu*, chiamata anche *Bodhisattvabhūmi.*
8. Se esistesse realmente, sarebbe immutabile: ma non si è mai visto un qualsiasi fenomeno non cambiare mai.
9. *Prajñāpāramitā-hṛdaya*, noto in Occidente con il nome di Sūtra del Cuore.
10. L'aggregato della «forma» designa qui la materia e non soltanto gli oggetti della visione. Vuoti sono anche gli altri quattro aggregati.
11. Poiché la sofferenza è la «retribuzione» degli atti negativi, la sua esperienza esaurisce questi atti.
12. L'inversione di se stesso e dell'altro. Cfr. Dilgo Khyentsé, *Audace et compassion*, Padmakara, 1993, p. 31 sgg.; Chögyam Trungpa, *L'Entraînement de l'esprit et l'apprentissage de la bienveillance*, Paris, Seuil, Points-Sagesse, 1998.
13. Con la pratica del *tonglen*, letteralmente «dare e prendere»: dare felicità agli altri e assumere su di sé tutte le infelicità. Cfr. *Audace et compassion*, *op.cit.*, p. 38 sgg.
14. V, 13.
15. *Cammino del Risveglio*, V, 12.

28 aprile 1997, mattina: conferenza

1. *Nges-pa lnga*: i cinque attributi definitivi del corpo di godimento. Il luogo che è il campo puro più alto. Il corpo provvisto di trentadue qualità maggiori e di ottanta qualità minori. La certezza temporale: il corpo di godimento durerà fin quando ci

saranno esseri da salvare. Il suo insegnamento è sicuramente il Grande Veicolo. Infine la sua cerchia o il suo uditorio è necessariamente formato dai sublimi bodhisattva.

2. *Bhadrakalpa, bskal-pa bzang-po.*

3. Le Tre Radici sono i maestri spirituali, radici delle benedizioni; le deità *yidam*, radici delle realizzazioni; e le *ḍākiṇī*, radici delle attività e della felicità suprema.

4. La scuola *takloung* (della valle della Tigre, a nord di Lhasa) è una tradizione kagyu, il cui nome deriva da Takloung Thangpa Trashi Pal, il discepolo più devoto di Phagmo Droupa. Nel 1276 Sangye Ön, discepolo di Takloung Thangpa, fondò a Kham il grande monastero di Riwoche. Shapdroung Rinpoché, che ha recentemente lasciato questo mondo, era un eminente rappresentante di questa tradizione.

5. Dilgo Khyentse Rinpoché (1910-1990), incarnazione di Jamyang Khyentse Wangpo, grande promotore dell'ecumenismo, se non addirittura della conoscenza di tutte le tradizioni del buddhismo tibetano. Khyentse Rinpoché è stato uno dei maestri di Sua Santità e di numerosi altri *lama*. Saggio poeta illuminato della nostra epoca, rivelò i Tesori (*terma*). Studiò con centoventi maestri diversi; passò vent'anni in meditazione nelle alte solitudini tibetane e consacrò il resto della sua vita a insegnare senza sosta, anche in Occidente.

6. Si veda Gampopa, *Ornement de la Libération*, cap. II.

7. Degli Uditori, dei «Buddha per sé» e del Grande Veicolo.

8. In questo non fanno che apprezzare la tesi centrale di alcuni Sūtra del Grande Veicolo, come il *Saddharmapuṇḍarīka*. Cfr. *Le Sūtra du Lotus*, Paris, Fayard, «L'espace intérieur», 1997.

9. *Catuḥśataka-śāstra-kārikā*, dove sono descritti i tipi di *yoga* del bodhisattva.

10. *'Phags-pa Lha*: III secolo. Il più noto discepolo di Nāgārjuna, che commentò il pensiero del maestro in diversi trattati nei quali Candrakīrti riconobbe l'intenzione autentica del maestro preservata dalla tradizione prāsaṅgika.

11. Negli animali, nei preta e negli inferi.

12. *Bodhipathapradīpa.*

13. Grande maestro ed erudito indiano (982-1054) che insegnava all'università buddhista di Vikramaśīla. Adepto della vita monastica, andò fino in Indonesia per ricevere da Suvarṇadvīpa gli insegnamenti sulla mente di Risveglio (*bodhicitta*). Passò gli

ultimi dodici anni della sua vita in Tibet a insegnare e tradurre. I suoi discepoli tibetani fondarono la scuola kadampa.

14. O dello studio.

15. Su questa «indubbia scoperta».

16. In tibetano, *thal 'gyur*, letteralmente: «Ci sarà (sarebbe) errore». Forma di ragionamento che consiste nel riprendere le tesi estremiste e svilupparle con logica fino alle conseguenze che si rivelano sempre assurde.

17. *Phyogs-kyi gLang-po*: (prima del VI secolo). Uno dei Sei Ornamenti del Mondo, incarna la perfezione della logica e della gnoseologia (*tshad-ma rig-pa*). Figlio di *rāja*, studiò presso Vasubandhu. È il fondatore della tradizione gnoseologica buddhistica.

18. *Chos-grags*: VI secolo. Uno dei Sei Ornamenti del Mondo. Originario dell'India meridionale (Kāñcī). Istruito da Īśvarasena, che era un discepolo di Dinnāga, commentò ampiamente l'opera di quest'ultimo.

19. In tibetano, *don spyod pa* e *don mthun pa*.

20. O «amico del bene», sinonimo di maestro spirituale.

21. Di Aśvaghoṣa, autore del *Buddhacāritā* e «contemporaneo» di Nāgārjuna.

22. *Guruyoga, bla ma'i rnal 'byor*.

23. Che si suddividono in tre atti negativi o nocivi relativi al corpo: l'assassinio, il furto, la cattiva condotta sessuale; quattro atti legati alla parola: la bugia, la calunnia, la violenza verbale e le chiacchiere; e tre atti relativi alla mente: la bramosia, il malanimo e le visioni erronee. Si veda Patrul Rinpoché, *op. cit.*, pp. 145-157.

24. Si veda «Le *karma*, ou la causalité des actes», Patrul Rinpoché, *op. cit.*, cap. IV. Si tratta della quarta serie di meditazioni che hanno per oggetto quello «di distogliere la mente dal *saṃsāra*» (*blo-ldog rnam-bzhi*).

25. Terza serie di meditazioni sulle diverse sofferenze del *saṃsāra*. Cfr. Patrul Rinpoché, «Les maux du saṃsāra», cap. III.

26. Seconda serie di meditazioni sulla «Impermanenza della vita», Patrul Rinpoché, cap. II.

27. Prima serie di meditazioni sulla «difficoltà di ottenere le libertà e le ricchezze» dell'uomo o della donna la cui vita o esistenza merita di essere definita «preziosa». Cfr. Patrul Rinpoché, *op. cit.*, cap. I, p. 57 sgg.

28 aprile 1997, mattina: domande-risposte

1. O la sua «espulsione». Si veda Patrul Rinpoché, *op. cit.*, p. 415 e tutto il capitolo dedicato a questo tema.

2. *Kun-tu bZang-po*, «Perfezione di Sempre» che rivela la purezza primordiale di tutti i fenomeni.

3. Sua Santità usa la parola inglese *self-creation.*

4. In tibetano, *Lhan cig dmigs nges.*

5. Le ottanta principali qualità fisiche del Grande Essere, a cui si aggiungono qualità «minori».

6. *sGrol-ma*: la «Liberatrice», buddha femminile, chiamata così per la sua prontezza a salvare da tutte le paure gli esseri. La tradizione le conferisce 21 aspetti, a seconda delle attività, del suo colore, dei suoi attributi, ecc. Le è stato dedicato un libro in francese: Bokar Rinpoché, *Tara, le divin au féminin*, Vernègues (13), Claire Lumière, 1997.

7. Quando formulò il voto di raggiungere l'onnisciente buddhità per il bene di tutti gli esseri.

28 aprile 1997, pomeriggio: conferenza

1. I Nirgrantha, discepoli di Pārśva, che ammettevano la causalità *karmica* e che non bisogna confondere con i Jaina Vestiti di Spazio (Digambara).

2. *Śamatha.*

3. *Vipāśyanā.*

4. Più precisamente «attenzione-memoria» (*smṛti, dran-pa*).

5. *Prātimokṣa, so-thar,* che seguono gli adepti del Piccolo Veicolo.

6. O «penetrante».

7. *Praśrabdhi, shin tu sbyangs pa*: pace e leggerezza del corpo e della mente che dissolvono tutte le resistenze alla realizzazione del bene.

8. Espressione generica che indica il mondo del Desiderio o primo livello; il mondo della Forma che si suddivide in quattro livelli, dal primo al quarto dhyāna; e il mondo del Senza Forma scaglionato su quattro livelli, ovvero lo spazio infinito, la coscienza infinita, il nulla e la sfera né cosciente né inconscia, chiamata anche «cima dell'esistenza».

9. In tibetano: *nyer bsdogs mi lcog med.* Le quattro concentrazioni si dividono a loro volta in nove livelli (in tibetano: *bsam gtan sa dgu*): 1. Preparazione alla prima concentrazione, dove non vi è nulla che non si possa; 2. Prima concentrazione semplice; 3. Prima concentrazione speciale; 4. Preparazione della seconda concentrazione; 5. Seconda concentrazione; 6. Preparazione della terza concentrazione; 7. Terza concentrazione; 8. Preparazione della quarta concentrazione; 9. Quarta concentrazione.

10. In questa concentrazione preparatoria è possibile respingere tutte le emozioni negative grossolane del mondo del Desiderio per accedere al mondo della Forma, poi al mondo del Senza Forma, i quali costituiscono i «mondi superiori».

11. *Yid la byed pa drug*: le sei forme di attenzione. Il fattore mentale dell'attenzione, o impegno mentale, designa la mente fermamente concentrata sul suo oggetto. Le sei forme di attenzione sono le seguenti: 1. L'attenzione volta alla corretta comprensione del carattere dei mondi superiori e inferiori; 2. L'attenzione volta all'apprezzamento delle qualità dei mondi superiori e che approfondisce la precedente attenzione nella quiete e nella visione superiore; 3. L'attenzione volta a respingere le emozioni negative e che permette di eliminare i tre gradi più palesi delle emozioni negative del mondo del Desiderio; 4. L'attenzione volta ad accumulare gioia, che, illuminata da una felicità di tipo inferiore, dissolve le emozioni negative del mondo del desiderio a livello intermedio; 5. L'attenzione interamente rivolta all'esame della mente per individuare le emozioni negative sottili ed eliminarle; l'attenzione colta a prendere contromisure: applicazione degli antidoti.

12. Così è possibile distinguere la concentrazione in quanto causa (la stessa pratica) e la concentrazione in quanto effetto che è una delle quattro sfere del Senza Forma.

13. Cfr. *sup.*, n. 8.

14. Che Sua Santità non nomina e che rappresentano gli aggregati e tutte le categorie della scolastica sviluppate nella letteratura dell'*Abhidharma.*

15. Ovvero la «quiddità» (*tathatā*) o vacuità di cui sono impregnati tutti i fenomeni.

16. Letteralmente «di diamante o di semi-diamante», ovvero con le gambe incrociate e i due piedi sotto il grembo.

17. O *Atiyoga*, «Grande Perfezione», il più elevato tra i veicoli del Risveglio nel sistema nyingmapa.

18. *rLung-ro*, o «soffi residuali».

19. Grande erudito indiano e perfetto yogi (1016-1100), discepolo di Tilopa e maestro di Marpa il Traduttore. I suoi «sei *yoga*» trattano del *bar do*, della chiara luce, del corpo illusorio, del sogno, del transfert della coscienza e del calore interiore. Cfr. C. Trungpa, *Jeu d'illusion*, *op. cit.*

20. In tibetano, *rtsa-gsum 'khor-lo lnga*: i due canali laterali e i cinque cakra.

21. I cakra, per esempio.

22. Intervengono sei «forze», che aiuteranno la mente a «posarsi»: lo studio o l'ascolto permettono di posare la mente; la riflessione di posarla in modo duraturo; l'attenzione-memoria di posarla nuovamente e perfettamente; la vigilanza di dominarla e di calmarla; il coraggio di calmarla perfettamente e di concentrarla su un solo punto; e la familiarità di lasciarla regolarmente fino allo stato, in tibetano, di *mnyam-bzhag*. Le due prime stazioni della mente costituiscono un processo forzato; dalla terza alla settima stazione il processo è interrotto, alla penultima stazione il processo è invece ininterrotto, mentre l'ultima stazione designa lo stato di raccoglimento profondo.

23. Cfr. nota precedente.

24. In tibetano, *gnas-ngan-len*, l'opposto della docilità (*shin-sbyangs*).

25. In tibetano, *ting-nge-'dzin*: raccoglimento profondo della mente.

26. In tibetano, *mtshan-bcas-kyi rnal-'byor*: colui che medita si vede come la propria deità tutelare, ma non si considera suo pari in saggezza. Infatti, l'assoluto è ancora un ideale da raggiungere.

27. In tibetano, *mtshan-med-kyi rnal- 'byor*: una meditazione sulla mente di Risveglio assoluta, la vacuità come uno stato in cui l'adepto entra, resta ed esce.

28. In tibetano, *bskyed-rim*: per cancellare i segni *karmici* lasciati dai quattro tipi di nascita, chi pratica si addestra a riconoscere nel proprio corpo, nella propria parola e mente comuni il corpo, la parola e la mente risvegliati della propria deità tutelare.

29. La comprensione della filosofia mādhyamika-prāsaṅgika.

30. Ovvero fino a percepirlo come una fantasmagoria, un sogno, ecc.

31. Allora perché perpetuare la sofferenza?

28 aprile 1997, pomeriggio: domande-risposte

1. Mādhyāntavibhāga di Asaṅga.

2. In tibetano, *rdzogs-rim*: speciali pratiche della conoscenza trascendente che permettono di attualizzare la chiara luce attraversol'esperienza dei quattro vuoti di coscienza (cfr. *sup.*), una volta che nel corpo adamantino del praticante, i canali, i soffi e le gocce quintessenziali sono sufficientemente puri. Questa esperienza della chiara luce è inseparabile dalla saggezza innata indotta dalle quattro gioie associate al calore interiore.

3. Grande maestro nyingmapa (1308-1363), autore prolifico a proposito dell'universalità della Grande Perfezione (*Atiyoga*), di cui è possibile leggere la vita in Longchenpa, *La Liberté naturelle de l'esprit (Rang-grol skor-gsum)*, traduzione e presentazione di Ph. Cornu, Paris, Seuil, Points-Sagesse, 1994, pp.57-68. *Il Tesoro del Gioiello Magico* (in tibetano *Yid-bzhin rin-po-che'i mdzod*) è uno dei «Sette Tesori», o trattati perfetti che rivelano l'onnipresenza della Grande Perfezione in tutti gli insegnamenti del Buddha.

4. *Kālacakra-tantra, Dus-kyi 'khor-lo*: Tantra Insuperabile, chiamato così perché mette in rapporto le sue fasi interne e esterne e «altro» con tutti i possibili sistemi comprensivi di base, via e frutto.

5. Che costituiscono il corpo: terra, acqua, fuoco, aria e spazio.

6. Grande erudito e maestro nyingmapa (1846-1912) che con identica genialità si dedicò alle arti «volgari» della grammatica, della logica, della medicina, dell'astrologia ecc., alle scienze mistiche (commentò un gran numero di Sūtra e di Tantra), alla poesia del Risveglio, ai trattati più difficili, ai metodi per la realizzazione delle deità (*sādhanā*) e ai rituali. La sua opera è raccolta in trentadue volumi.

7. O «formazioni *karmiche*» (in tibetano, *'du-byed*). Ho scelto «composizioni» per dimostrare che questo aggregato psichico è la macchina che produce i concetti e i comportamenti associati ai fenomeni composti (in tibetano, *'dus-byas*).

29 aprile 1997, mattina: conferenza

1. Colui che vince l'ignoranza e la sofferenza è soltanto il Buddha.

2. Una cosa potrebbe nascere: 1. Da se stessa; 2. Da un'altra cosa; 3. Da se stessa e da un'altra cosa; 4. Né da se stessa né da un'altra cosa.

3. Nessun «giudizio di realtà» ha mai potuto definitivamente circoscrivere il reale.

4. *Ratnāvalī*, consigli di Nāgārjuna al re Udayana di Vatsa, suo amico.

5. Il suo corpo e tutti gli «stati» della sua mente.

6. IX, 25.

7. Indipendentemente da ogni conoscenza o idea che gli esseri senzienti possono avere.

8. Come la collera, l'ubriachezza ecc.

9. Come se, per esempio, fosse parte integrante dell'apparenza fisica di Matteo.

10. Ed è così che la loro filosofia è la più adatta per capire e spiegare le straordinarie pratiche del Veicolo dei Tantra.

11. La «materia primordiale» (*gtso-bo*), o «natura» (*prakṛti, rang-bzhin*) è costituita da tre qualità (*guṇa*), la cui combinazione forma tutti gli oggetti, così da essere al tempo stesso causa e effetto. Cfr. Khenchen Kunzang Palden, «L'Ambroisie des paroles de Mañjushrī», *Comprendre la vacuité, op. cit.*, pp. 81-84.

12. Di Candrakīrti: «Io» non esisto realmente perché 1. Io non sono i miei aggregati (corpo e mente); 2. Io non sono nient'altro che i miei aggregati; 3. Io non sono il fondamento dei miei aggregati; 4. Io non ho come fondamento reale i miei aggregati; 5. Io non sono il proprietario reale dei miei aggregati; 6. Io non sono il semplice insieme dei miei aggregati; 7. Io non sono la forma dei miei aggregati: Cfr. Hopkins, *Meditation on Emptiness, op. cit.*, p. 48.

29 aprile 1997, mattina: domande-risposte

1. In inglese, *bias*.

2. Il tibetano *gdung-ma* significa letteralmente «trave» e indica in questo caso il punto di partenza della via.

29 aprile 1997, pomeriggio: conferenza

1. La mente di Risveglio è votiva fin quando si aspira a raggiungere l'onniscienza per il bene di tutti gli esseri; è attiva quando il bodhisattva pratica le virtù trascendenti. Il voto della mente di Risveglio attiva è dunque la promessa di praticare allo scopo di raggiungere l'onniscienza, le virtù trascendenti.

2. VIII, 95-96.

3. VI, 113.

4. Letteralmente, nel «rifugio-frutto».

5. X, 55.

LESSICO

Abolito concreto: *zhig pa dngos po*
Adattamento effettivo: *gomps pa mngon du gyur pa*
Affrancamento: *bral ba*
Antidoto: *gnyen po*
Attaccamento: *chags pa; 'dzin pa*
Attenzione: *dran pa*
Atto: *las*
Atto dall'esperienza certa: *myong bar nges pa'i las*
Atto dall'esperienza incerta: *myong bar ma nges pa'i las*
Atto eseguito non registrato: *byas la ma bsags pa'i las*
Atto eseguito registrato: *byas la bsags pa'i las*
Attributo (essenziale): *mtshan nyid*

Base di designazione: *gdags gzhi*
Bodhisattva: *byang chub sems dpa'*

Categoria (d'esseri): *rigs*
Causa di bene: *dge ba'i rtsa ba, dge rtsa*
Causa effettiva: *nyer len gyi rgyu*
Chiara luce: *'od gsal*
Chiara luce originaria innata: *gnyug ma lhan cig skyes pa'i 'od gsal*
Ciclo mistico: *chos skor*
Cittamātrin: *sems tsam pa*
Comunità di quanti non sono più apprendistii: *mi slob pa'i dge 'dun*
Comunità dei principianti: *slob pa'i dge 'dun*
Concetto errato: *log rtog*
Concomitante: *mtshungs ldan*
Configurazioni del corpo formale: *gzugs sku'i bkod pa*
Confusione: *rmongs pa*
Conoscenza: *shes rab*
Conoscenza che nasce dalla meditazione: *sgom byung gi shes rab*
Conoscenza che nasce dalla riflessione: *bsam byung gi shes rab*

Conoscenza che nasce dall'ascolto: *thos byung gi shes rab*
Conoscenza diretta della vacuità: *stong nyid rtogs pa'i shes rab*
Conoscenza sovrannaturale: *mngon shes*
Conoscenza vera: *tshad ma*
Continuità: *rgyun*
Continuo (psichico): *rgyud*
Corpo assoluto: *chos kyi sku*
Corpo assoluto di saggezza: *ye shes chos sku*
Corpo assoluto per il proprio bene: *rang don chos kyi sku*
Corpo d'apparizione: *sprul pa'i sku*
Corpo di godimento: *longs spyod rdzogs pa'i sku*
Corpo essenziale: *ngo bo nyid kyi sku*
Corpo formale: *gzugs kyi sku*
Corpo formale per il bene degli altri: *gzhan don gzugs kyi sku*
Cosa nominata: *btags chos*
Coscienza: *shes pa*; *blo*; *rnam shes*
Coscienza distorta: *phyin ci log pa'i blo*
Coscienza fondamentale: *kun gzhi'i rnam par shes pa*
Coscienza mentale: *yid kyi rnam par shes pa*, *yid shes*
Coscienza mentale emozionale: *nyon mongs pa'i yid kyi rnam par shes pa*, *nyon yid*
Creazione: *gsar du skyes pa*
Creazione condizionata: *rkyen gyis gsar du bsgrubs/skyes pa*
Credenza nella personalità: *'jig tshogs kyi lta ba*, *'jig lta*
Criterio di verità, o di conoscenza vera: *tshad ma*

Designazione concettuale: *rtog pas btags pa*
Designazione dipendente: *brten nas btags pa*
Deviazione: *gol sa*
Dieci atti non virtuosi: *mi dge ba bcu po*
Dieci atti virtuosi: *dge ba bcu po*
Difetto: *skyon*
Dimensione assoluta, o del reale: *chos kyi dbyings*

Disciplina: *tshul khrims*
Discorso interiore: *rnam rtog*
Dispersione: *'phro rgod*
Docilità: *shin tu sbyangs pa, shin sbyangs*

Ebetudine: *rmug pa*
Elemento (costitutivo della materia): *'byung ba*
Emozione negativa: *nyon mongs pa*
Era Buona: *bskal pa bzang po, bskal bzang*
Errore: *'khrul pa*
Esistenza concreta: *rdzas yod*
Esistenza nominale: *btags yod*
Esistenza oggettiva: *yul steng nas yod pa*
Esistere: *yod pa*
Esistere realmente, o in sé: *rang bzhin gyis yod pa*
Essenza: *bdag nyid, ngo bo(nyid), rang bzhin, mtshan nyid*
Essere animato: *sems can*
Estremo: *mtha'*
Evento mentale: *rnam rtog 'char sgo*

Falsa concezione: *sgro 'dogs*
Fase di creazione: *bskyed rim*
Fase di perfezione: *rdzogs rim*

Generare il Risveglio della mente: *byang chub kyi sems skyed pa, sems bskyed*
Grossolano: *rags pa*

Ignoranza: *ma rig pa*
Inconveniente: *nyes dmigs*
In sé: *rang ngos nas; rang chas su; rang bzhin gyis*
Interesse: *bag yod*
Invenzione concettuale: *rnam rtog gis bcos (bzhag) pa, blos bcos*
Io: *nga*
Irrealtà del sé individuale: *gang zag gi bdag med*
Istruzioni di pratica: *nyams khrid*

Istruzioni esplicative: *bshad khrid*
Istruzioni su esperienza: *myong khrid*

Liberazione: *thar pa*
Liberazione individuale: *so sor thar pa, so thar*
Libertà: *grol ba*
Libertà e ricchezze: *dal 'byor*
Logica: *rigs pa*

Manifestazione (primaria): *sprul pa*
Manifestazione secondaria: *yang sprul*
Materiale: *thogs bcas*
Meditazione analitica: *dpyad bsgom*
Meditazione contemplativa: *'jog bsgom*
Mente di Risveglio: *byang chub kyi sems, byang sems*
Mente di Risveglio attiva: *'jug pa'i byang chub kyi sems*
Mente di Risveglio votiva: *smon pa'i byang chub kyi sems*
Modo reale: *gnas lugs; gnas tshul*
Momentaneo: *blo bur ba*

Natura delle cose: *chos nyid*
Necessario, necessità: *dgos pa*
Neutro: *lung ma bstan*
Nirvāṇa senza residui: *lhag med kyi myang 'das*
Non meritorio: *bsod nams min pa*
Non sostanzialità: *bdag med*

Oggettivo: *yul steng*
Oggetto afferrato dal soggetto: *(bzung ba'i) yul*
Oggetto (dell'analisi): *gzhi*
Oggetto di confutazione: *dgag bya*
Onniscienza: *rnam mkhyen, kun mkhyen*
Originario: *gnyug ma*

Pazienza: *bzod pa*
Pensiero discorsivo: *kun rtog*
Potenziale di buddha: *bde gshegs snying po*
Potere magico: *rdzu 'phrul*

Prasaṅga: *thal 'gyur*
Prāsaṅgika: *thal 'gyur pa*
Problema: *skyon*
Processo di dissoluzione: *thim rim*
Pura astrazione: *dngos min*
Pura conoscenza e pura chiarezza: *gsal tsam rig tsam*
Puro risveglio: *rig pa*

Quattro alternative: *mtha' bzhi*; *mu bzhi*
Quattro attrattive: *bsdu ba rnam pa bzhi/dngos po bzhi*
Quattro soggetti che distolgono la mente dal *saṃsāra*: *blo ldog rnam bzhi*
Quiddità: *de bzhin nyid*
Quieta concentrazione: *zhi gnas rtse gcig pa*
Quiete: *zhi gnas*

Raccoglimento: *ting nge 'dzin*
Ragionamento: *rigs pa*; *rgyu mtshan*; *gtan tshigs*
Ragione che analizza l'ultimo: *mthar thug dpyod pa'i rigs shes*
Reale: *chos nyid*
Realismo (ingenuo): *bden 'dzin*
Realizzazione: *rtogs pa*; *mngon gyur*; *khong du chud pa*; *chub pa*
Realtà indipendente: *rang mtshan*
Referente: *gdag gzhi*
Rifugio: *skyabs gnas*
Rifugio-frutto: *'bras skyabs*

Saggezza: *ye shes*
Schema abituale: *bag chags*
Sé: *bdag*
Semplice (sentimento dell') io: *nga tsam*
Senso comune: *'jig rten grags pa*
Senso definitivo: *nges don*
Senso provvisorio: *drang don*
Soggetto (che afferra l'oggetto): *('dzin pa'i) yul can*
Sostanzialismo: *bdag 'dzin*

Sostanzialità: *bdag; rang bzhin*
Sostrato (delle qualità): *mtshan gzhi*
Sottile: *phra ba*
Sottilissimo: *shin tu phra ba, ches phra*
Sublime: *'phags pa*
Supporto di concentrazione: *dmigs rten*
Svātantrika: *rang rgyud pa*

Tendenza: *bag chags*
Torpore: *bying ba*
Trapasso: *'pho ba*
Tre Gioielli: *dkon mchog gsum*
Tre Radici: *rtsa gsum*
Tre Rifugi: *skyabs gsum*
Triplice addestramento: *bslab pa gsum*

Vaibhāṣika: *bye brag tu smra ba, bye smra*
Veicolo adamantino delle Formule Segrete: *gsang sngags rdo rje'i theg pa*
Velo cognitivo: *she bya'i sgrib pa, shes sgrib*
Velo emozionale: *nyon mongs pa'i sgrib pa, nyon sgrib*
Verità assoluta: *don dam bden pa*
Verità della via: *lam gyi bden pa, lam bden*
Verità relativa: *kun rdzob bden pa*
Via: *lam*
Via di mezzo: *dbu ma*
Via senza ostacolo della via della visione: *mthong lam bar chad med lam*
Vigilanza: *shes bzhin*
Visione (pura): *dag snang*
Visione del sé: *bdag tu lta ba*
Visione superiore: *lhag mthong*

GLOSSARIO

Arhat (*dgra-bcom-pa*) : colui che, al culmine del percorso del Piccolo Veicolo, ha attinto la liberazione.

Āryadeva (*Phags-pa Lha*): III secolo. Il più noto discepolo di Nāgārjuna che commentò il pensiero del maestro in diversi trattati in cui Candrakīrti riconobbe l'intenzione autentica del maestro preservata dalla tradizione prāsaṅgika.

Asaṅga (*Thogs-med*): Uno dei Sei Ornamenti del Mondo. IV secolo della nostra era. Devoto perfetto di Maitreya, istruito da questi sulla progressiva realizzazione del senso recondito dei Sūtra del Grande Veicolo, che egli trascrisse nei suoi cinque celebri trattati (*Byams-chod sde-lnga*). È ritenuto il fondatore della scuola cittamātra.

Bar do (*antarābhava*): stato intermedio della morte, del divenire, del sogno, ecc.

Bhāvaviveka (*Legs-ldan-'byed*): maestro indiano autore de *La Collana di Luce della Conoscenza trascendente*, in cui espone gli argomenti della scuola mādhyamika-svātantrika, della quale è ritenuto il fondatore.

Bodhisattva (*byang-chub sems-dpa'*): mistico che, avendo pronunciato il voto della mente di Risveglio suprema, è un adepto della vacuità con compassione.

Buddha per sé (*pratyekabuddha, rang-sangs-rgyas):* un mistico senza maestro che pratica nella solitudine e all'insaputa di tutti.

Buddhapālita (*Sangs-rgyas-bskyangs*): maestro indiano mādhyamika. Autore di un grande commento al *Trattato Fondamentale* di Nāgārjuna, egli ne sistematizza tutti gli argomenti, divenendo, così, il precursore della scuola prāsaṅgika, la cui filosofia è la più sottile e la più eletta delle quattro scuole di pensiero buddhistiche.

Candrakīrti (*Zla-ba grags-pa*): grande mādhyamika del VII secolo della nostra era. Abate o rettore dell'università di Nālanda, si prestò a esplicitare meglio il linguaggio e il senso della Via di Mezzo. Avendo ripreso le idee di Buddhapālita, egli è, propriamente parlando, il fondatore della scuola mādhyamika-prāsaṅgika. La sua *Introduzione alla Via di Mezzo* (*Madhyamakāvatāra*) mostra la perfetta armonia degli insegnamenti sulla vacuità e la chiara luce.

Cinque aggregati (*pañcaskandha*, *phung-po lnga*): il corpo e la mente dell'individuo: le forme (o materia), le sensazioni, le percezioni, le composizioni karmiche e le coscienze.

Cinque vie graduali (*pañcamārga*, *lam-lnga*): le cinque «tappe» della via che conduce al Risveglio autentico e perfetto.

Cittamātrin (*sems-tsam-pa*): scuola filosofica del Grande Veicolo per la quale la mente esiste realmente, mentre i suoi oggetti sono solo fantasmi.

Dharma: generalmente, gli insegnamenti del Buddha; ma anche, quando si dice «*i* dharma», i fenomeni, le realtà.

Dharmakīrti (*Chos-grags*): VI secolo. Uno dei Sei Ornamenti del Mondo. Originario del sud dell'India (Kāñcī). Istruito da Īśvarasena, che era discepolo di Diṅnāga, commentò ampiamente l'opera di quest'ultimo.

Dieci atti negativi (tib. *mi-dge-ba bcu*): gli atti nocivi si ripartiscono in tre atti relativi al corpo: l'assassinio, il furto, la cattiva condotta sessuale; quattro atti legati alla parola: la bugia, la calunnia, la violenza verbale e le chiacchiere; e tre atti relativi alla mente: la bramosia, il malanimo e le visioni erronee.

Diṅnāga (*Phyogs-kyi gLang-po*): (prima del VI secolo). Uno dei Sei Ornamenti del Mondo, incarna la perfezione della logica e della gnoseologia (*tshad-ma rig-pa*). Figlio di *rāja*, studiò presso Vasubandhu. È il fondatore della tradizione gnoseologica buddhistica.

Due veli: il velo delle emozioni negative (o «velo emozionale» [*kleśāvaraṇa, nyon-sgrib*]) e il velo dell'ignoranza (o «velo cognitivo» [*jñeyāvaraṇa, shes-sgrib*]), entrambi i quali oscurano la saggezza primordiale.

Jñānagarbha (*Ye-shes snying-po*): maestro indiano mādhyamika-svātantrika del VII-VIII secolo.

Karma (*las*): il karma non è la causalità, che dipende dalla natura delle cose, ma è il suo effetto rispetto alla mente: si riferisce piuttosto all'intenzione che ispira l'atto. L'atto buono comporta la felicità; l'atto nocivo, la sofferenza.

Mādhyamika (*dbu-ma-pa*): o Via di mezzo, scuola del Grande Veicolo che ammette l'unione delle due verità fondamentali oltre gli estremi dell'eternalismo e del nichilismo.

Maitreya (*Byams-pa*): bodhisattva che incarna l'amore e la benevolenza. Attualmente risiede nei cieli dei Tuṣita, da dove discenderà per succedere a Śākyamuni, diventando così il quinto buddha dell'Era Buona.

Mente di Risveglio (*bodhicitta, byang-chub-kyi sems*): la forza spirituale che accompagna il voto di raggiungere il Grande Risveglio per il bene di tutti gli esseri animati, come pure la pratica stessa delle virtù trascendenti che conducono alla onniscienza.

Nāgārjuna (*kLu-sgrub*): uno dei Sei Ornamenti del Mondo. Per la tradizione il Grande Maestro nacque in una famiglia di bramini del sud dell'India, quattrocento anni dopo il *parinirvāṇa* del Buddha Śākyamuni.

Ancora adolescente, giunse alla conoscenza perfetta del senso fondamentale dei Sūtra e dei Tantra. Fu il grande essere illuminato Saraha a conferirgli i voti di monaco all'università buddhista di Nālanda. Autore di innumerervoli trattati sul pensiero ultimo del Buddha, soprattutto sul senso vero e proprio della conoscenza trascendente e della Via di Mezzo, Nāgārjuna non trascurò neanche la medicina, l'alchimia e la politica. Tra i suoi innumerevoli discepoli vi furono Āryadeva e Buddhapālita, saggi illuminati. Edificò templi e *stūpa*. Sembra che le sue attività fossero illimitate. La tradizione vuole che abbia vissuto seicento anni, quindi fino al V secolo della nostra era. La scuola nyingmapa del buddhismo tibetano sostiene che visse fino al X secolo.

Nirvāṇa (*myang-'das*): l'al di là della sofferenza.

Onniscienza (*sarvajñāna, kun-mkhyen*): sinonimo di Risveglio perfetto.

Prasaṅga (*thal 'gyur*), letteralmente: «Ci sarà (sarebbe) errore». Forma di ragionamento che consiste nel riprendere le tesi estremiste e svilupparle con logica fino alle conseguenze, che si rivelano sempre assurde.

Prāsaṅgika (*thal-'gyur-pa*): gli adepti del prasaṅga costituiscono la scuola più eletta e anche la più radicale della Via di Mezzo.

Produzione interdipendente (*pratītyasamutpāda, rten-'byung*): costituita da dodici elementi (tib. *rten-'brel*): ignoranza, composizione *karmica*, coscienza, nome e forma, fonti di percezione, contatto, sensazione, sete, attaccamento, esistenza, nascita, vecchiaia e morte.

Risveglio (*bodhi, byang-chub*): la cessazione di tutte le impurità emozionali e cognitive e la realizzazione di tutte le qualità.

Śākyamuni (*Śākya thub-pa*): l'Asceta del clan dei Śākya, il Buddha «storico», che visse intorno al VI secolo a.C.

Saṃsāra (*'khor-ba*): il circolo vizioso delle morti e delle rinascite.

Sautrāntika (*mdo-sde-pa*): scuola filosofica del Piccolo Veicolo che, riferendosi ai Sūtra (e non ai loro commentari), ammette l'esistenza reale della coscienza e dei suoi oggetti.

Sūtra (*mdo*): lett. «aforisma», termine generale che designa i discorsi del Buddha Śākyamuni.

Svātantrika (*rang-rgyud-pa*): Mādhyamika che ammettono l'esistenza oggettiva a livello della verità convenzionale.

Tantra (*gsang-sngags, rgyud*): testi fondamentali del Veicolo di Diamante, o «buddhismo tantrico»; altra denominazione del veicolo le cui pratiche si basano sulla purezza primordiale della nostra natura autentica; pratica dell'unione straordinaria dei metodi e della conoscenza. Le pratiche dei Tantra si suddividono in 1. *kriyā*, che si basa soprattutto sulle attività rituali; 2. *caryā*, in cui queste stesse attività si combinano con lo stato naturale della deità; 3. *yoga*, in cui questo stato naturale è condiviso dalla deità; 4. *anuttara* («insuperabile»), in cui lo stato naturale della deità e quello dell'adepto non sono mai stati cose distinte. L'*anuttara* si divide in padre, madre e né padre né madre, in altre parole: in *mahā*, in cui si pone in evidenza la fase della creazione; *anu*, in cui l'accento è posto sulla fase di perfezione; e *ati* o «Grande Perfezione» (*rdzogs-pa chen-po*).

Trascendenze (*pāramitā, pha-rol-tu phyin-pa*): le sei virtù trascendenti indicano la generosità, la disciplina, la pazienza, il coraggio, la concentrazione e la conoscenza. Queste virtù sono trascendenti nella misura in cui il bodhisattva le pratica alla luce della conoscenza diretta della vacuità.

Trentasette ausili del Risveglio (*bodhipakṣa, byang-phyogs so-bdun*): le quattro fissazioni dell'attenzione, le quattro eliminazioni autentiche, le quattro basi dei poteri miracolosi, le cinque facoltà pure, le sette sfere del Risveglio e l'ottuplice sentiero.

Uditori (*śrāvaka, nyan-thos*): in senso proprio, i discepoli diretti del Buddha. Altrimenti, i mistici che, avendo ascoltato le istruzioni del maestro, le mettono in pratica e le trasmettono ad altri.

Vaibhāṣika (*bye-brag-tu smra-ba*): scuola filosofica del Piccolo Veicolo che ammette l'esistenza reale degli oggetti presenti, passati e futuri. Questo nome deriva da *vibhāṣā*, termine sanscrito che designa le prime enciclopedie del buddhismo, in cui troviamo una sistematizzazione e una discussione dialogata di tutti i temi affrontati dal Buddha nei Sūtra.

Vasubandhu (*dbYig-gnyen*): uno dei Sei Ornamenti del Mondo. Fratello di Asaṅga e autore del *Tesoro della Scolastica.* Dapprima discepolo del maestro del Kashmir Saṃghabhadra, abbandona poi il pensiero del Piccolo Veicolo per seguire la scuola del fratello. Tra i suoi discepoli troviamo dei grandi eruditi come il logico Diṅnāga e lo scolastico Sthiramati.

Veicolo (*yāna, theg-pa*): insieme di metodi che permettono di percorrere la via, ovvero di praticare.

Via di Mezzo: si veda Mādhyamika.

INDICE

Impaginazione di Ayako Hosono.

Questo libro è stato composto in Adobe *Monotype Bell* e *Cochin*.

Finito di stampare nel mese di agosto 1999 presso
il Nuovo Istituto Italiano d'Arti Grafiche - Bergamo

Printed in Italy